AF293358

„Wer überzeugt ist, dass die Menschen zutiefst verderbt sind, wird sie einem strengen Regiment unterstellen wollen, während derjenige, der an ihre natürliche Güte glaubt, sich die Sache der Freiheit auf seine Fahne schreiben wird." (Ulrich Bröckling; Gute Hirten führen sanft. Über Menschenregierungskünste.)

IN GEFAHR UND GRÖßTER NOT,

bringt der Mittelweg den Tod

(Friedrich Freiherr von Logau, 1604-1655)

Aaron: „Als ich dreizehn oder vierzehn war, hat mein Vater mich einmal gefragt, was wahre Macht sei. Er sagte: ‚Ein Imperium, von dem keiner etwas weiß‘" (NIEMALS, 2017, Andreas Pflüger, S. 243)

Im Juli 2019
Detlef Zeiler
Gegenwartsforscher

© 2019 Detlef Zeiler
In Gefahr und größter Not...
Teil 3

ISBN 978-3-7482-9965-3 (Paperback)
ISBN 978-3-7482-9966-0 (Hardcover)
ISBN 978-3-7482-9967-7 (e-Book)

1. Auflage 2019
Verlag und Druck: tredition GmbH, Halenstraße 40-44 22359 Hamburg
www.tredition.de

Bibliografische Information der Deutschen Nationalbibliothek:
Die Deutsche Nationalbibliothek verzeichnet diese Publikation in der deutschen Nationalbibliografie; detaillierte bibliografische Daten sind im Internet über http://dnb.d-nb.de abrufbar.

Personen:

- Dave: David Reinwald (ehemaliger Geschichtslehrer).

- Juan: Taxifahrer und Kontaktmann zum kubanischen Geheimdienst.

- Maria: Maria Ortega (ehemals Schulpsychologin in Bogotá).

- Phil: u.a. Mitarbeiter der US-Drogenabwehr, DEA.

- Ricardo: Ehemaliger Soldat, aus Venezuela geflohen.

- Pablo: Leitende Figur im „Movimiento Carlos Pizarro"

- Eva: u.a. Mitarbeiterin des kubanischen Geheimdienstes.

- Dennis: Doppelagent und ehemaliger Führungsfigur in einer geheimen Organisation in Europa.

- Dimitri: Vater von Ricardo. Ehemaliger Mitarbeiter eines russischen Geheimdienstes. War vor Jahren in Kuba stationiert.

- Swetlana: Dimitris Frau.

- Sergej: Ehemaliger Kollege von Dimitri. Hat Kontakte zu Computerspezialisten.

In Gefahr und größter Not… Teil 3

(D. Zeiler)

Vorspann: Kurze Zusammenfassung von Teil 1 und 2. Es endet mit der Flucht der beiden Verdächtigen auf dem Motorrad.

1   **AUßEN. STRAßE VOR DEM HABANA-RETRO CAFÉ IN HAVANNA/KUBA - ABEND**   1

> *(Titel wird eingeblendet:*
> „**Havanna/ Kuba/**
> **Monat/ Jahr**")

Dave und Juan, der kubanische „Taxifahrer", der bereits aus Teil II bekannt ist, sitzen gerade gemütlich unter dem Vorbau des Habana-Retro Café im Stadtteil Vedado und unterhalten sich. Unten, an der Straße, hält ein alter kuba-typischer Straßenkreuzer, in dem vier Jugendliche sitzen. Einer steigt aus und bringt eine Kühltasche nach oben, betritt das Restaurant, geht dort in die Küche, stellt die Tasche ab – und wechselt ein paar Worte mit einer Bedienung, die gerade in die Küche kommt. Er präpariert zwei Aperitifs (Eiswürfel und ein Getränk aus einer mitgebrachten Flasche) und übergibt sie der Bedienung. Diese geht hinaus und stellt sie Dave und Juan auf den Tisch mit den Worten: „Ein Geschenk des Hauses!" Nachdem die Bedienung gegangen ist, nimmt Dave die Aperitifs und stellt sie einem Pärchen, das am Nebentisch sitzt mit einer freundlichen Geste auf den Tisch. (Evtl.: „Wir trinken kein Alkohol.") Die beiden bedanken sich.

> JUAN
> Was soll das? Warum fragst du mich
> nicht?

> DAVE
> Solche Aperitifs in zerstampften
> Eiswürfeln sind mir schon mehrmals
> übel aufgestoßen. Und warum
> haben sie das nur uns serviert?

JUAN
Meinst du, das waren die
Jugendlichen, die mit ihrem Wagen
da unten stehen?

DAVE
Einer ist noch in der Küche. Er hatte
eine Kühlbox, als er reinging.

JUAN
Der Typ am Nebentisch hat davon
getrunken, sie nicht.

DAVE
Na, dann warte, was passiert. Ich
kann mich ja täuschen.

Juan schaut rüber zu dem jungen Mann am Nebentisch. Dem
scheint übel zu werden. Die Frau wirkt besorgt. Sie ruft die
Bedienung und fragt, ob sie einen Arzt rufen könnte.

Die Bedienung sieht die Gläser mit den Aperitifs, die beide von
dem Mann getrunken wurden. Sie erschrickt, rennt in die Küche
und kommt mit einem Handy zurück. Sie ruft ein Taxi.

BEDIENUNG
Er muss in die Klinik. Ich habe ein
Taxi gerufen.

Aus der Küche kommt der Jugendliche, der die Kühltasche
gebracht hat - und mischt sich ein.

JUGENDLICHER
Lass! Ich fahre ihn.

Der Jugendliche, der kurz einen bösen Blick auf Dave und Juan
wirft, und die Bedienung stützen den Mann, während er runter zum
Straßenkreuzer torkelt. Seine Frau oder Freundin läuft nebenher.
Der Straßenkreuzer fährt mit den jetzt 6 Personen davon.

DAVE
Hatte ich mir gedacht. Aber:

Woher wussten die, dass wir hier
sind?

                    JUAN
Keine Ahnung. Dein Handy?

Dave und Juan zahlen, verlassen die Szene und gehen in
Richtung einer Seitenstraße weiter. Unterwegs:

                    DAVE
Ich dachte, Kuba sei sicher.

                TAXIFAHRER (JUAN)
Die Zeiten ändern sich, auch bei
uns.
Dave, ich glaube, die wollten was
von dir!

                    DAVE
Klar! Den Laptop. Aber den hat doch
Phil!

                    JUAN
Dann waren das zumindest nicht
seine Leute.

                    DAVE
Uns ist keiner gefolgt. Hab
aufgepasst.

                    JUAN
Vielleicht dein Mobiltelefon?

                    DAVE
War ausgeschaltet.
(Pause)
Kann man das hier auch orten?

                    JUAN
Glaubst du, wir leben hinter dem
Mond?

                              DAVE
                Keine Ahnung. Bin nur Philologe.

Dave nimmt den Akku aus seinem Handy und steckt Handy und
Akku in seine Jackentasche.

                              DAVE
                Fahren wir in die Stadt. Maria wartet
                wahrscheinlich schon.

Sie steigen in das Taxi, das sie inzwischen erreicht haben. Juan
weist Dave diskret darauf hin, dass etwas weiter hinter ihnen ein
anderes Auto wartet, in dem er eine Bewegung wahrgenommen
habe.

                              DAVE
                Raus! Schnell raus!

Dave und Juan springen aus dem Taxi und werfen sich neben der
Straße auf den Boden. Unmittelbar danach ist ein dumpfer Knall in
dem Taxi zu hören - und man sieht, wie sich innen dichter Qualm
entwickelt, der sich aus der offenen Türe nach draußen ausbreitet.

Sie stehen auf und laufen in einen kleinen Park, der an eine
Seitenstraße angrenzt. Sie setzen sich auf eine Bank.

                              JUAN
                Das war knapp!

Juan schaut bewundernd/skeptisch zu Dave:

                              JUAN

                Wieso...?

                              DAVE
                Dein Hinweis auf die Figuren hinter
                uns. Hatte das Gefühl, dass sie es
                nochmal versuchen.

                              JUAN
                Warte! Ich ruf einen Kumpel.

Er nimmt sein Handy und ruft einen Kollegen an. Mitten im Gespräch - der Name „Phil" wird erwähnt - verändert sich seine Miene. Dave schaut ihn erwartungsvoll an.

> JUAN
> Alles OK. Jemand holt uns ab.

> DAVE
> Wir sollten Maria Bescheid sagen.

> JUAN
> Sie wartet in der Altstadt. Unsere
> Leute haben Phil geortet. Die sind
> an dem Laptop interessiert, dem ihr
> nachjagt.

> DAVE
> Maria hat ein Gerät gleicher Bauart
> aufgetrieben, das wir euch lassen
> können.

Juan grinst wie über einen schlechten Witz.

> JUAN
> Unsere Leute wollen die Daten,
> nicht das Gerät!

> DAVE
> Na klar! Wir kopieren die rüber - da
> merkt keiner was.

Juan überlegt eine kleine Weile.

> JUAN
> Du weißt, was ich dabei riskiere,
> wenn das nicht hinhaut?

> DAVE
> Das klappt. Und du gehst auch nicht
> leer aus.

Dave holt ein Bündel Dollarscheine aus der Tasche und wedelt
damit. - Inzwischen kommt ein Taxi angefahren und hält am
Straßenrand.

                            JUAN
                   Wir klären das später.

                            DAVE
                   Gib mir mal dein Handy! Meins ist
                   wohl verseucht.

Juan gibt ihm sein Handy. Dave wählt und beginnt zu sprechen,
während sie zum Taxi gehen.

                            DAVE
                   Maria…

Sie steigen in das Taxi, das davonbraust…

Abblende. - Aufblende.

2   **INNEN. HOTELZIMMER IN HAVANNA/ KUBA - FRÜHER MORGEN**

Ein Paar liegt in einem Bett. Man sieht, dass der Mann bereits
graue Haare hat. Die junge Frau steht vorsichtig auf, der Mann
schläft weiter. Sie geht leise barfuß in das zweite Zimmer, wo ein
Laptop auf einem Tisch steht. Sie schaltet ihn an, fährt ihn hoch.

Ihr Gesicht *(Großaufnahme und dann im Detail die Augen)* zeigt
ein Erstaunen. Sie steht auf, lauscht, ob aus dem Nebenzimmer/
Schlafzimmer ein Geräusch zu hören ist. Nichts.

Aus einer schicken Damenjacke, die in einem Schrank hängt, holt
sie einen USB-Stick, geht zurück zum Laptop - und kopiert von
dort eine Datei auf den USB-Stick. Dabei hört sie Geräusche vom
Nebenzimmer/ Schlafzimmer. Sie schafft es, die Datei vollständig
zu laden und steckt den USB-Stick rasch wieder zurück in die
Jacke im Schrank.

Dann fährt sie die Internetseite einer kolumbianischen Zeitung
hoch, auf der ein Artikel über die Schwierigkeiten beim

Friedensprozess in Kolumbien geschildert wird. Sie schüttelt den
Kopf, so, als ob sie sich über den Inhalt ärgere, während der Mann
aus dem Nebenzimmer dazu tritt und schaut, was sie da liest.

DER MANN (DENNIS)
Kolumbien? Du interessierst dich für
den Friedensprozess?

DIE FRAU (EVA)
War schon länger wach - und wollte
mich beschäftigen. Du hast fest
geschlafen.

Der Mann schaut auf die Uhr und kratzt sich am Kopf.

DER MANN (DENNIS)
Tatsächlich. Schon spät. Ich muss
gleich los!

DIE FRAU (EVA)
Kein Frühstück?

DER MANN (DENNIS)
Später. Holen wir nach.

Der Mann geht rüber ins andere Zimmer und zieht sich an. Die
Frau atmet auf, ist sichtlich erleichtert.

3   **INNEN. TAXI FÄHRT DURCH STRAßEN IN HAVANNA/KUBA - NACH**
                                                                    3

Im Taxi sitzen Ricardo und eine junge Frau, ca. 25-30 Jahre alt,
Kubanerin, und unterhalten sich. Sie fährt. Er sitzt daneben. Die
Szene beginnt mit einer Großaufnahme der Kubanerin, dann
Schnitt auf Ricardo:

RICARDO
Eva, du solltest das machen, nicht
Dave. Er würde zu sehr auffallen.

EVA

Hat Maria dir erzählt, wofür dieser
Phil steht?

Sie schaut zu ihm rüber.

                    EVA
Geht es um Drogengeschäfte? Etwa
über die Hotelketten in Varadero?

                    RICARDO
Angeblich ist er Teil eines
Netzwerkes, das gegen illegale
Geschäfte innerhalb der DEA
vorgeht.

                    EVA
Und ihr geht davon aus, Dennis
vertritt diese Geschäfte?

                    RICARDO
Ihr wisst von ihm?

                    EVA
Wir haben ihn schon lange im Blick.
Ist ein US-Agent, aber kein
Amerikaner.

                    RICARDO
Bei uns halten sie ihn für einen
Europäer - aus Deutschland.

Eva nimmt einen USB-Stick aus einer Jackentasche und gibt ihn
Ricardo.

                    RICARDO
Was ist das?

                    EVA
Wenn wir Glück haben, sind da die
Namen der europäischen Politiker
drauf, die diese Organisation von
Dennis bestochen hat. Leider

verschlüsselt. Du solltest das zu
deinem Vater mitnehmen.

                    RICARDO
Dimitri! Ich hasse ihn.

                      EVA
Stell das zurück! Ist ja schon lange
her. Und wenn du damals zu ihm
gegangen wärst, hätten wir uns nie
kennengelernt.

Ricardo schaut verärgert.

                    RICARDO
Du redest schon wie Maria. Sie hat
mich wegen des Laptops beackert,
den wir bei einem Freund meines
Vaters knacken sollen.

                      EVA
Sie ist deine große Schwester.
(Pause)
Weiß Maria von Dennis?

                    RICARDO
Nein!

                      EVA
Sie ist deine Schwester! Und du
redest nicht mit ihr?

                    RICARDO
Schon. Aber sie ist anders und sie
hatte immer eigene Pläne. Ich wurde
nie ganz schlau aus ihr.

                      EVA
Dennis scheint viel von ihr und
ihrem deutschen Freund zu halten.

                    RICARDO

Magst du ihn?

                    EVA
Ist nur ein Job!

Sie schaut kurz prüfend rüber zu ihm, legt, wie zur Beruhigung ihre
rechte Hand vom Steuer weg auf seine linke Schulter. Dann:

                    EVA
Soweit ich das mitbekomme, hat er
was mit den Lieferungen aus
Venezuela zu tun, die weiter nach
Mexiko gehen.

                  RICARDO
Und von dort in die USA.

                    EVA
Also seid ihr Teil des Problems?

                  RICARDO
Kann sein. Aber: Die versuchen,
auch auf Kuba Fuß zu fassen!

                    EVA
Seit wann?

                  RICARDO
Es ist nicht so einfach, sauber zu
bleiben. Das haben wir in Venezuela
gelernt. In der Not musst du
Kompromisse machen.

                    EVA
Das ist doch bei euch ausgeufert.
Euer Militär hat sich in den
Drogenhandel gemischt.

                  RICARDO
Eher der Geheimdienst.
(Pause)
Du wirst kaum noch einen Staat

finden, dessen Geheimdienste
sauber sind. Die kleinen
Schweinereien werden immer mit
den großen Zielen gerechtfertigt.

                    EVA
Mach dir nichts vor! Auch das Militär
ist im Geschäft!

                    RICARDO
Wir brauchen Devisen. Die USA
haben uns isoliert.

                    EVA
Kuba ist anders! Und das soll auch
so bleiben.

Ricardo atmet tief durch.

                    RICARDO
Das wird nicht so einfach…

                    EVA
Da ist das Hotel von diesem Phil. Du
lenkst ihn ab. So in einer Stunde?

                    RICARDO
Geht klar.

                    EVA
Wo wartet Maria?

                    RICARDO
In der Altstadt. Nahe der Kathedrale.
La Bodeguita del Medio.

                    EVA
Wo Hemingway immer seinen Mojito
trank!

Das Taxi hält. Ricardo steigt aus.

AUßEN. HOTEL IN DER ALTSTADT VON HAVANNA - NACHT

Ricardo steigt aus dem Taxi und betritt ein Hotel.

INNEN. HOTEL IN DER ALTSTADT VON HAVANNA - NACHT

In der Lobby trifft er auf Phil, der gerade in Richtung Ausgang läuft. Phil erkennt ihn.

                    PHIL
          Ricardo?

                    RICARDO
          Phil.

                    PHIL
          Hat Pablo dich geschickt?

Ricardo nickt kurz. Phil überlegt, scannt mit den Augen die Lage in der Hotellobby.

                    RICARDO
          Keine Angst, ich bin allein hier.

Phil schaut sich dennoch weiter um.

                    PHIL
          Er traute mir wohl nicht.

                    RICARDO
          Hatte er damit nicht recht?

Phil winkt ab, schaut leicht verärgert zu Ricardo.

                    PHIL
          Wir wollten doch
          zusammenarbeiten!

                    RICARDO
          Du hättest den Laptop nicht an dich
          nehmen sollen. Das war ein Fehler –
          und spricht nicht für gute
          Zusammenarbeit.

Du hast ihn angeschaltet - und wir
haben dich gefunden.

                    PHIL
Ihr könnt sowieso nicht
entschlüsseln, was da drauf ist. Den
Code kennen nur unsere Leute.

                 RICARDO
Wieso traust du euren Leuten? Was
würden die NSA-Leute sagen, wenn
die wüssten, dass du mit uns
kooperiert hast?

                    PHIL
Wir sind nur eine Privatfirma und der
DEA zugeordnet.

                 RICARDO
Aber die Drogenabwehr kooperiert
doch mit der NSA.

                    PHIL
Durchaus. Nur, wir zahlen besser
als der Staat. So ziehen wir die
besten Leute mit allem, was sie
wissen und können, zu uns. Und wir
bleiben eigenständig, also eine
Privatfirma.

                 RICARDO
Blickt da bei euch noch jemand
durch, wer da welche Geheimnisse
hat.

                    PHIL
Das ist ein Problem, dem wir uns
widmen.

Phil grinst.

                    PHIL

Unser Alleinstellungsmerkmal!
(Kleine Pause)
Mein Angebot steht weiter: Schließt
euch uns an! Wir sind global
vernetzt - und wir haben die besten
Leute.

Zudem braucht ihr mich mehr als ihr
denkt. Unsere Leute haben
erfahren, was mit Reynolds in
Kolumbien passiert ist. Auf deine
Schwester und ihren deutschen
Freund ist ein Kopfgeld ausgesetzt.
Einige Heißsporne wollen Rache.
(Pause)
Ich könnte das verhindern.

RICARDO
Lass uns verhandeln. Ich kenne hier
eine kleine Bar um die Ecke.

PHIL
Na dann!

Ricardo und Phil verlassen die Hotel-Lobby.

6   **AUßEN. ALTSTADT VON HAVANNA - NACHT**   6

Dave und Juan steigen aus dem Taxi und laufen zielstrebig durch
die belebten Altstadtgassen bis zu einem Café-Restaurant nahe
der Kathedrale, in dem Touristen und Einheimische gerade einer
kleinen kubanischen Altherren-Band zuhören und sich zum
Rhythmus der Musik bewegen. Einige tanzen zwischen den
Tischen. Im Hintergrund entdecken sie Maria und laufen in ihre
Richtung.

Maria sieht sie kommen, winkt erfreut und holt einen nicht
besetzten Stuhl vom Nebentisch. Sie setzen sich.

MARIA

Wie konnte das passieren?

                    DAVE
Keine Ahnung. Vielleicht Phils
Leute, die uns entdeckt haben, als
ich mein Handy anhatte?
Wäre beinahe schief gegangen.

                    JUAN
Er hatte 'nen guten Instinkt und 'ne
gute Reaktion.

Juan wendet sich an Dave.

                    JUAN
Wo hast du das gelernt? Für so
einen Buchmensch aus der Schule
ganz erstaunlich!

                    DAVE
War doch nur so eine Eingebung.

                    MARIA
Dave hat eben seine Geheimnisse!

                    DAVE
Wie soll's weitergehen?

                    MARIA
Phils Leute sind hier über die
großen Hotels schon weit
eingestiegen. Abhörtechnik und
allerhand Hightech-Zeug. Vor allem
Jugendliche haben sie damit
geködert.

                    DAVE
Klar, die kapieren die Technik
schneller als die Alten.

                    MARIA

Aber das Herrschaftswissen haben
die Alten.

                DAVE
Noch!
(Pause)
Wenn Venezuela wegfällt, wird sich
der Laden hier auch nicht mehr
lange halten lassen.

                MARIA
Das ist noch lange nicht gesagt.
(Pause)
Dave! Wir müssen rauskriegen, was
die Reynolds wollte und was hinter
ihren Leuten steckt. Wieso wollte sie
uns mit ins Boot nehmen?

                DAVE
Also wieder an ihren Laptop
kommen!

Maria holt einen Laptop aus einer Tasche und legt ihn kurz auf den
Tisch. Dave packt ihn rasch in seinen kleinen Rucksack.

                MARIA
Dave, das wäre dein Part. Den gibst
du ihm, er ist baugleich. Und dann
nimmst du seinen. Er wohnt in
einem Hotel, in dem sich viele
Touristen einquartiert haben. Dort
arbeiten einige von uns. Ricardo
kennt sie. Die geben dir den
Zimmerschlüssel.

                DAVE
Er oder einer seiner Leute würden
mich möglicherweise erkennen.

                MARIA

Ricardo lenkt ihn ab und checkt,
wieweit man mit seinen Leuten
zusammenarbeiten kann.

                    DAVE
Ist das nicht ein wenig naiv?

                    MARIA
Pablo hat ihn in Caracas gerettet
und nach Kuba fliegen lassen!
Phil glaubt immer noch, dass wir mit
ihm zusammenarbeiten könnten.

Maria zuckt ein wenig mit den Schultern.

                    MARIA
Wer weiß?
Die haben große Pläne und basteln
da was zusammen!

                    DAVE
Dann kann er aber nicht hinter dem
Anschlag auf uns stecken.

Maria schüttelt den Kopf.

                    MARIA
Würde nicht passen. Ich tippe auf
seine Gegner innerhalb der
Drogenbehörde. Reynolds und Phil
hatten Feinde innerhalb der DEA.

                    DAVE
Dann sind diese Feinde hier gut
organisiert.
(Pause)
NSA? Die DEA selbst?

Maria zuckt wieder mit den Schultern – sie überlegt. Dann, als sie
nach außen in Richtung der Menschenmenge auf der Straße vor
dem Lokal sieht, wendet sie sich an Dave:

MARIA
Dave! Schalt mal dein Handy wieder
an.

Sie nimmt ein kleines, billiges Wegwerf-Handy raus und ruft
jemand an. Dave schaut verwundert/ skeptisch. Er holt sein
Smartphone raus und installiert den Akku wieder... Dann:
Während er das Smartphone hochfährt:

DAVE
Wen rufst du an?

Maria antwortet nicht, spricht dafür in ihr Handy:

MARIA
„Alles klar?
(Kleine Pause)
Schick uns jemand vorbei!
(Pause)
Da, wo ihr mich abgesetzt habt."

Maria schaut nochmal suchend in Richtung der Menschenmenge,
die an der kleinen Gasse vor dem Café/Restaurant in beide
Richtungen vorbeiflaniert.

MARIA
Dave, gib dein Handy dem kleinen
Jungen, der dort bei den Musikern
Halt gemacht hat.

Dave schaut überrascht.

DAVE
Was hast du vor?

Da Maria nur eine kurze Kopfbewegung macht, die andeutet, er
solle sich beeilen, steht Dave auf, geht zu den Musikern, bei
denen noch andere Zuschauer stehen - und wirft sein Handy im
Vorbeigehen in die Plastiktüte, die der Junge trägt. Der geht kurz
darauf weiter und verschwindet unter der Menge der vor dem
Eingang vorbeilaufenden Touristen. Dave geht zurück an den
Tisch - und kurz darauf sehen sie drei Männer (Headphones am

Kopf und hektisch nach vorne um sich blickend) in die Richtung vorbeieilen, in die der Junge verschwunden ist.

                    DAVE
            Das war knapp.

                    MARIA
            Lass uns verschwinden.

Dave gibt Juan ein Bündel Dollars und zwinkert ihm zu.

                    DAVE
            Juan, du zahlst!

Juan schaut verwundert auf das viele Geld.

Sie stehen auf, verabschieden sich von Juan und gehen in die Richtung, aus der die drei Männer aufgetaucht waren - bis an eine Straßenkreuzung.

Ein Taxi kommt wie bestellt vorbei. Sie winken dem Fahrer zu. Er hält am Rand der Straße und sie steigen ein.

7   **INNEN. FAHRENDES TAXI - NACHT**   **7**

Dave und Maria fahren durch das nächtliche Havanna...

                    MARIA
            Hostal-Silva - paseo 602 entre 25 y
            27 - im Stadtteil Vedado.

                  TAXIFAHRER
            Claro!

                    MARIA
             Ich hoffe, sie haben unser kleines
            Hostal noch nicht geortet. -
            Wenn Phil hinter dir her wäre, dann
            hätten seine Leute uns dort längst
            erwischt. Er wusste von dem Hostal,
            wollte uns doch am Anfang sogar
            dort treffen.

DAVE
Stimmt! Aber wieso hat er es nicht
genommen?

MARIA
Die haben ihn woanders
einquartiert, hielten das
offensichtlich nicht für sicher genug.

DAVE
Und wieso dann wir?

MARIA
Ich kenne die Frau.
Familienbekanntschaft. Du kannst
ihr vertrauen.

Im Übrigen wollten wir zunächst,
dass Phil hier absteigt. Da hätten wir
ihn immer im Blick gehabt.
(Pause)
Hier sind wir sicher.
Die müssen ihre Mieter nicht gleich
melden.

DAVE
Na gut. Aber wofür steht Phil? Und
wieso hatte Ricardo sich mit ihm
eingelassen? Er hätte ihn in
Venezuela festsetzen können.

MARIA
Das war Pablo.

Dave schaut ungläubig.

DAVE
Pablo? Unser Pablo?

MARIA
Später! - Wir sind da.

AUßEN. STRAßE VOR DEM „HOSTAL SILVA" - NACHT

Das Taxi hält vor dem Hostal. Dave und Maria steigen aus, Dave zahlt das Taxi und sie gehen durch die Gartenpforte zur Haustür.

INNEN. HOSTAL-SILVA - NACHT

Dave und Maria treten ein, werden innen von der Vermieterin und ihrem Sohn, einem Studenten, begrüßt, die aus der Küche in den Flur kommen. Sie grüßen freundlich, wirken aber verängstigt. Dave und Maria werfen sich einen fragenden Blick zu und gehen in ihr Zimmer, schließen die Türe hinter sich.

INNEN. ZIMMER IM HOSTAL-SILVA - NACHT

Maria geht an den Einbauschrank und packt ihre Sachen.

> MARIA
> Dave! Du solltest auch packen. Hast
> du die Frau *(evtl. ihr Name)*
> und ihren Sohn gesehen? Die
> wirkten verängstigt. Da ist was im
> Gange.

> DAVE
> Du meinst Phils Leute waren doch
> hier?

> MARIA
> Nicht Phil! Die Leute, die hinter dir
> her waren.

> DAVE
> Unsere kubanischen Helfer können
> es nicht sein. Ricardo kennt sie.

> MARIA
> Phil war auf der Seite von Reynolds.
> Die wollten mit uns in Kolumbien
> kooperieren. Sie hatten Gegner in
> der DEA, der Drogenabwehr.

Ihre Gegner hatten in Kolumbien auf
Iván Duque gesetzt. Und der hasst
uns!
(Pause)
Sie werden versuchen, an den
Laptop von Reynolds zu kommen,
den Phil wieder hat.

Dave packt ebenfalls, während sie reden. Sie schauen
zwischendurch jeweils kurz auf.

                    DAVE
Damit würde er wohl auffliegen - und
als Verräter behandelt. Jeder weiß,
wie es Verrätern in seinen Kreisen
ergeht!

                    MARIA
(leiser) - Auch bei uns.

Maria schaut auf die Uhr.

                    MARIA
Wir sollten uns beeilen. Lass uns
verschwinden. Das hier ist
verbrannt.

                    DAVE
Ich geh schon mal zahlen.

                    MARIA
Das hat Ricardo schon gemacht - für
eine ganze Woche im Voraus.

Es klingelt. Die Haustüre wird geöffnet. Laute Stimmen, die
Vermieterin spricht etwas, ein Mann redet dagegen; Lärm,
Schritte.

                    DAVE
Zu spät.

Maria kramt nach ihrer Waffe. Dave greift nach einer schweren
Vase und stellt sich hinter die Türe. Es klopft. Ohne auf eine
Antwort zu warten, wird die Türe aufgestoßen, die heftig auf Dave
trifft. Die Vase, die er in der Hand hält, fällt zu Boden und zerbricht.
Zwei bewaffnete Typen stürmen herein. Als Maria gerade ihre
Waffe aus einer Tasche zieht, wird sie angeschossen, während sie
sich seitlich nach unten hinter das Bett fallen lässt.
Die beiden Angreifer, ein Kubaner und ein Amerikaner, stehen
unter der Deckenlampe. *(Eventuell fragt einer nach dem Laptop)*
Sie zucken jedoch plötzlich zusammen, greifen sich an den Kopf,
erstarren und fallen um. Dave und Maria, die schon mit ihrem
Leben abgeschlossen hatten, erschrecken und schauen sich
verständnislos an.
In diesem Moment tritt ein drahtiger Mann (Mitte bis Ende 40)
herein, Tablet in der Hand, den Dave erkennt. Dave wirkt
erschrocken!

                    DAVE
          Dennis?
          (Pause)
          Dennis! Du hier!

                    DENNIS
          Was ist mit deiner Begleiterin?
          Schlimm?

Dennis steckt sein Tablet in eine Umhängetasche.
Maria steht auf. An Ihrem rechten Oberarm ist das Hemd
aufgerissen und blutig. Sie schaut drauf. Dann zu Dave:

                    MARIA
          Nur ein Streifschuss.
          (Kurze Pause)
          Dave! Du kennst ihn?

Dave geht nicht auf die Frage ein, schaut dafür zu Dennis.

                    DAVE
          Dennis! Wie kommst du hierher?
          Und was hast du mit diesen Leuten
          zu tun?

DENNIS
Dave. Wir hatten dich immer im
Blick. Auch in Kolumbien. Wer
einmal bei uns war, der bleibt das.
Aussteigen gibt's nicht.
(Kleine Pause)
Du kannst froh sein, dass ich schon
vor den beiden hier war.

Dave schaut dennoch leicht verärgert, dann geht seine Miene in
eine Art Grinsen über:

DAVE
Hätte ich eigentlich merken müssen.
- Es roch auf einmal nach Schwefel
im Flur.

Dennis lacht.

DENNIS
Teufel nochmal! Werde mich
bessern und mein After-Shave
wechseln!

Maria kapiert den Gag nicht gleich, schaut verwundert zwischen
beiden hin und her. Dann ernst zu Dennis:

MARIA
Wer bist du? Und was ist mit den
beiden passiert?

DENNIS
Ich denke, das kennt ihr schon aus
eurer Schule in Kolumbien. Und du,
Dave, du erinnerst dich doch an
deine Jobs in Deutschlands, oder?

MARIA
Welche Jobs? Ist der von deiner
Stalker-Truppe?

DENNIS

Stalker nennst du uns? Dave, du
warst doch dabei!

Maria schaut indigniert zu Dave.

DAVE
Erzähl ich dir später.

MARIA
Das habe ich jetzt schon oft von dir
gehört.

DAVE
Später!

MARIA
Und wie soll es jetzt weitergehen?

Ein Handy summt in der Hosentasche einer der Männer, die am
Boden liegen. Dennis geht zu einem der am Boden liegenden
Männer, nimmt das immer noch summende Handy, flüstert so
leise, dass die Stimme nicht erkennbar ist: „Todo va bien!
Regresamos en una hora!" Er zwinkert dabei den anderen zu.
Danach durchsucht er die Tasche des zweiten Mannes, nimmt
auch dessen Handy und steckt es in seine Hosentasche.

DENNIS
Darüber kriegen wir die.

Er ruft eine Nummer mit seinem Handy an und gibt die Nummer
des fremden Handys durch. Dann:

DENNIS
OK! Ich weiß, wo das liegt! Und was
ist mit diesem Phil?

Maria wendet sich an Dave.

MARIA
Die suchen Phil!

Dennis dreht sich um, da er dies gehört hat. Er legt auf und steckt
sein Handy weg.

DENNIS
So wie ihr.

MARIA
Dann wisst ihr vom Laptop dieser
Reynolds?

DENNIS
Alle Verbindungen liefen über
Reynolds. Reynolds hatte Kontakt
zu uns aufgenommen, weil sie ihre
Truppe in Europa ausweiten wollte.
Ihr Laptop ist der Schlüssel.

Dennis grinst die beiden anderen an:

DENNIS
Wir hielten Kontakt mit ihr.
(kleine Pause)
Sie meldet sich nicht mehr, aber ihr
Laptop wandert ohne sie durch die
Gegend. Da war klar, ihr musste
was passiert sein.

MARIA
Und so seid ihr auf uns gestoßen.

DENNIS
Genau. Aber offensichtlich nicht nur
wir! Einige aus ihrer Firma wollen
sich vielleicht an euch rächen. In
ihrem Netzwerk dürfen lokale
Gruppen relativ selbständig agieren.

DAVE
Dann hat Phil die nicht im Griff.
(Pause)
Er will weiter mit uns
zusammenarbeiten.
Mit dir, Dennis, kommen Leute aus
Deutschland ins Spiel.

Dennis grinst.

                    DENNIS
          Deine alten Freunde!

                    DAVE
          Du warst der Verbindungsmann
          nach oben.
          (Pause)
          Zu den Amerikanern?

                    DENNIS
          Hey Mann! Das weißt du doch!

Dave glaubt nun, die Zusammenhänge zu erkennen und schaut
entsprechend...

                    DAVE
          Also zu Reynolds und Phil?

                    DENNIS
          Dave!

Dennis schüttelt leicht den Kopf, schaut dann so zu Maria, als ob
Dave ihretwegen sich dumm stellen müsste oder zumindest nicht
alles sagen könnte.

                    DAVE
          Aber wer sind dann unsere
          Verfolger? Ihre Gegner bei der
          DEA?

Er deutet zu den am Boden liegenden Männern.

Dennis nimmt eines der erbeuteten Handys aus seiner
Hosentasche und hält es kurz hoch.

                    DENNIS
          Das werden wir herausbekommen.
          Zumindest ihren Aufenthaltsort
          kennen wir jetzt.
          (Kurze Pause)

Es gibt bei uns mehrere
Geheimdienste, die miteinander
konkurrieren. Und zudem hängen
die mit Privatfirmen zusammen, die
sich outgesourcte Geheimdienstler
zusammengestellt haben.

DAVE
Du sagtest „bei uns". Also gehörst
du zu den US-Leuten.

MARIA
Reynolds war der DEA zugeordnet,
der Anti-Drogenbehörde.
Einige von denen haben selbst
gedealt. Das weiß ich aus
Kolumbien.

DENNIS
Sie war nicht direkt bei der DEA.
Eher eine Privatfirma, die aus
ehemaligen Geheimdienstleuten
besteht.
Und mit der haben wir teilweise
zusammengearbeitet.
(Er grinst)
Auch in Afghanistan.

DAVE
Und du organisierst Europa?

DENNIS
Mit Freunden aus den USA...
Wir sorgen für Sicherheit, wo der
Staat zu schwach ist - gerade in
Europa!
Sieht so aus, als überlassen sie uns
dafür einen Teil der Umsatzsteuer.

DAVE

Du meinst, das
Umsatzsteuerkarussell?

                DENNIS
Klar. Aber wir sind da mit 500
Millionen Euro nur ein kleiner Fisch.
Da geht es um viele Milliarden.
Dave! Was ist los mit dir? Versuche,
dich zu erinnern!
(Pause)
Wir haben unsere Leute in den
Behörden. Die schauen weg - und
wir tun niemandem weh.

                DAVE
Sowas wie Schutzgeld, -
halboffiziell.

                DENNIS
Kann man so sehen.
(Kleine Pause)
Für Geld kriegst du heutzutage alle.
Kommt nur auf den Preis an.

                DAVE
El ladrón juzga por su condicion!

                DENNIS
Wir sind keine Diebe. Es ist ein
Geben und Nehmen.

                DAVE
Aber wir hatten auch Geld von der
Organisierten Kriminalität
genommen!

                DENNIS
Das lässt sich nicht vermeiden. Der
moderne Drogenhandel ist überall
drin. Global. Und die Leute von den
Sportwetten, Lotto, überall, wo die

kleinen Leute ihr Geld sinnlos
investieren, die zahlen ja auch an
uns. Das weißt du doch!
(Pause)
Dave! Auch die wollen keine
fanatischen Terroristen. Um die
kommst du nicht herum, wenn du
auch global agieren willst. Nirgends!
Schau dir nur unsere Banken an!
Damit haben wir uns abgefunden.
Und rate mal, mit welchen
Bauprojekten Drogengelder
gewaschen werden?

Dave grinst.

                    DAVE
Man munkelt, der Präsident einer
Supermacht hat da auch schon mal
Bauprojekte im Spiel gehabt.

                    DENNIS
Da sind einige dabei, von denen
man das nie erwarten würde.

                    DAVE
Genau das hatte mir nicht gefallen.
Und waren wir nicht auch für die
zunehmende Zahl der Selbstmorde
verantwortlich?

                    DENNIS
Niemand braucht sich umzubringen,
wenn man ihm sagt, wo es lang
geht!

                    DAVE
Und was ist mit denen, die nie
erfahren haben, warum man sie mit
Schmerzen traktiert hat?

Selbst die Mafia hatte ihre Opfer
immer erst mal gewarnt.

                    DENNIS
Dave. Mach dir nicht so viel
Gedanken.

                    DAVE
Von mindestens fünf Leuten weiß
ich, dass wir sie in der Mangel
hatten, bevor sie vor den Zug
sprangen.

                    DENNIS
Und damit Lokführer schockierten
und Pendler verspätet zur Arbeit
kommen ließen?

                    DAVE
Idiot!

                    DENNIS
Ist doch so!

Maria schaut zu Dave.

                    MARIA
Bist du deshalb ausgestiegen?

                    DAVE
Unter anderem. Aber lasst uns
verschwinden, bevor deren Freunde
hier nachschauen.

Dave deutet auf die beiden betäubt auf dem Boden liegenden
Männer.

                    DAVE
Dennis, du solltest die Akkus aus
den Handys nehmen.

                    DENNIS

Klar.

Dennis greift sich nochmals die Handys und entfernt die Akkus. Er
holt eine Klebebandrolle aus seiner Umhängetasche, fesselt die
beiden und klebt ihre Münder zu. Dann nimmt er eine Spritze aus
seiner Tasche und spritzt den beiden ein Mittel.

> DENNIS
> Das nimmt ihnen etwas von der
> Erinnerung an das hier.

> MARIA
> Woher hast du das Zeug? Das hatte
> auch die Reynolds.

Dennis geht nicht darauf ein.

> DENNIS
> Wir sollten die beiden mitnehmen
> und woanders abladen. Die Leute
> hier ziehen wir nicht rein. Das hatte
> ich ihnen versprechen müssen,
> damit sie die Polizei aus dem Spiel
> lassen.

> DAVE
> Und womit transportieren wir die?

> DENNIS
> Ich habe ein Auto gleich um die
> Ecke.

> DAVE
> OK, wir helfen dir beim Tragen -
> aber wir müssen weiter - zu Ricardo.
> Maria, du redest mit den
> Vermietern?

> MARIA
> Dann los, Dennis, hol dein Auto vor
> die Türe!

DENNIS
Bis gleich.

Dennis verlässt das Haus.

MARIA
Dave, der darf den Laptop nicht in
die Hände bekommen.

DAVE
Auf keinen Fall.

Maria nimmt ihr Handy und ruft ein Taxi. Danach geht sie zu den
Vermietern, die in der Küche warten. Inzwischen kommt Dennis
zurück.

DENNIS
Los, packen wir's!

Dennis und Dave tragen zuerst den einen aus dem Haus.
Inzwischen kommt Maria mit der verängstigten Vermieterin zurück
und erklärt ihr die Lage. Währenddessen kommen Dave und
Dennis und tragen den zweiten Mann raus.

Maria verabschiedet sich von der Vermieterin und verlässt
ebenfalls das Haus. Sie trägt einen großen Rucksack und eine
Reisetasche, die sie Dave vor die Füße stellt.

11   **AUßEN. HOSTAL-SILVA - NACHT**   1

Dave und Dennis hieven den zweiten Mann in den Rückraum des
5-türigen Straßenkreuzer-Kombis, der vor dem Haus steht. Sie
schließen die Heckklappe. Währenddessen kommt ein Taxi
angefahren und hält hinter dem Straßenkreuzer.

MARIA
Dennis soll die allein entsorgen.
Ricardo wartet auf uns.

DENNIS
Wir sollten zusammenarbeiten.
Ohne mich seid ihr hier

aufgeschmissen. Da mischen
inzwischen zu viele mit. Und die
werden weiter nach euch suchen.

                    MARIA
OK. Dave, hilf ihm. Vielleicht kriegt
ihr ja raus, wer diese Typen sind.

Maria gibt Dennis eine Adresskarte.

                    MARIA
Dennis. Hier trefft ihr uns.
Empedrado 156. Ruft an, wenn ihr
die beiden entsorgt habt.

                    DENNIS
Ihr wisst, wo dieser Phil steckt?

                    MARIA
Ricardo ist dran.

                    DENNIS
Dieser Phil ist ein Idiot, ein Idealist,
ein Pinscher. Er wird euch nicht
weiterbringen.

Dennis schaut mit lauerndem Blick zu Maria.

                    DENNIS
Hat er es versucht?

Sie winkt ab und geht zu dem wartenden Taxi. Am Steuer: EVA.
Maria steigt ein.

Dave nimmt seine Reisetasche, stellt sie auf den Rücksitz des
davor stehenden Straßenkreuzers und steigt dann vorne zu
Dennis. Sie fahren davon.

Dennis fährt, Dave sitzt auf dem Beifahrersitz. Sie bleiben eine
Weile stumm. Dann schaut Dennis zu Dave:

> DENNIS
> Du bist wieder dabei?

> DAVE
> Ist nicht so einfach.

> DENNIS
> Liebst du sie?

> DAVE
> Ich werde nicht so recht schlau aus
> ihr. - Und auch nicht mit der neuen
> Lage hier. Hatte nicht mit dir
> gerechnet.

> DENNIS
> Wie gesagt: Aussteigen geht nicht.
> Das können wir uns nicht leisten.
> Jedenfalls bis, äh...

> DAVE
> Zum Tag X. Ich weiß, da warten
> einige drauf, nicht nur ihr.

> DENNIS
> Du meinst „wir"!

> DAVE
> Was läuft da? Und wieso geht das
> alles an der Öffentlichkeit vorbei,
> wenn so viele nebenher...

Dennis lacht:

> DENNIS
> ...die Weltherrschaft wollen? Dave!
> Ohne die Kraft einer großen Idee

kriegst du nicht die Jugend auf deine
Seite. Das solltest du wissen. Das
wissen auch die Islamisten. Und die
Chinesen!

Daves Antwort bekommt einen stark ironischen Unterton.

>   DAVE
> Sieht fast so aus. Auf dem erneuten
> Weg zum Übermenschen!
> Herrschaft mit Hilfe der
> allerneuesten Technik!
> Überwachung und Steuerung!
> Oh je!
> Ganz egal, wie bescheuert die Idee
> ist.

>   DENNIS
> Da spricht der Historiker!
> *(Pause)*
> Immerhin sind wir keine Rassisten.
> Wir steuern nur die Algorithmen,
> nach denen die Mehrheit sowieso
> funktioniert.

>   DAVE

> - Dennis, ich wollte da raus, weil...

>   DENNIS
> ... du so zart besaitet bist! Mein
> lieber David: Da musst du jetzt
> durch.
> Dave! Wir brauchen dich!

Dave schaut verwundert zu Dennis, runzelt die Stirn, so, als ob er
versucht, gegen eine Blockade im Kopf nachzudenken. Möglich
wäre hier auch die Einblendung von Flashbacks aus der Zeit, als
Dave noch Teil der Stalker Szene in Europa war.

Maria sitzt vorne neben EVA

> MARIA
> Du kommst von Ricardo? Hat ER
> dich geschickt?

> EVA
> Ich soll den Laptop austauschen.

Maria schaut überrascht.

> MARIA
> Ich dachte, das macht Dave.

> EVA
> Dave würde in Phils Hotel zu sehr
> auffallen. Er weiß Bescheid.

> MARIA
> Woher kennst du Dave?
> *(Pause)*
> Er hat dich nie erwähnt.

Eva schaut rüber zu Maria, sagt aber nichts.

> MARIA
> Du warst Ricardos Kontakt von
> Kuba nach Venezuela?

> EVA
> Ja.
> *(Pause)*
> Wir mussten den Plan ändern. Sieht
> so aus, als würde Ricardo einen
> Deal mit Phil machen, um euch zu
> schützen. Pablo ist dafür. Du kennst
> ihn?

> MARIA

Klar, er ist 'ne wichtige Figur in
unserer Organisation in Kolumbien.
Kommt aus Medellín.
(Pause)
Übrigens glaube ich nicht, dass das
von Ricardo kommt - eher von Pablo
selbst!

                    EVA
Pablo ist jetzt mit Jorge im
Führungsteam unserer Organisation
in Kolumbien.

                  MARIA
Jorge hatte den Laptop von
Reynolds in Kolumbien besorgt.
(Pause)
Er wollte mich umbringen lassen,
weil er dachte, ich arbeite mit
Reynolds zusammen.

                    EVA
Ich weiß. Dann hast du Reynolds
umgelegt - und er war zufrieden.

Maria schaut stumm aus dem Seitenfenster des Autos.

                    EVA
Pablo ist der Stratege! Und er will
mit Phils Leuten zusammenarbeiten.
Jorge macht sich Sorgen, aber er
macht mit.

                  MARIA
So schnell ändern sich die
Verhältnisse?
Was verspricht Pablo sich von der
Zusammenarbeit?

                    EVA

Wir brauchen diese High-Tech
Sachen, über die Phils Leute
verfügen, bevor die Drogenkartelle
mit ihrem vielen Geld das auch
haben.

                    MARIA
Du meinst diese Folter-Geschichten
aus unserer Schule und das,
worüber Dave aus Deutschland
berichtet hat?

                    EVA
Unter anderem. Auch Dukes Leute
in Kolumbien sind daran interessiert.
(Pause)
Damit kommt man in alle Häuser,
die ans Stromnetz angeschlossen
sind.

                    MARIA
Dann würde das bei uns zuerst dem
Militär und dann den Contras in die
Hände fallen.

                    EVA
Das läuft vor allem über die großen
Geheimdienste.
(Pause)
Du kennst den Typen, in dessen
Auto Dave gestiegen ist?

                    MARIA
Ist ein Bekannter von Dave.

                    EVA
Wir beobachten ihn schon eine
Weile.

                    MARIA
Und? Was ist mit ihm?

                        EVA
                Wir vermuten, er gehört zu einer
                Gruppe von Leuten, die sich hier
                über die Hotels in Varadero
                eingenistet haben. Scheint ein
                Russe zu sein. Arbeitet aber für die
                USA.

                        MARIA
                Ein Russe?
                Kein Amerikaner?

Maria scheint überrascht.

                        MARIA
                Er hat Dave und mich gerettet!

                        EVA
                Wie gerettet?

                        MARIA
                Wir wurden in unserem Hostal
                überfallen.

                        EVA
                Von wem?

                        MARIA
                Genau das wollen wir
                herauskriegen. Mit der Hilfe von
                diesem Typen, diesem Dennis.

                        EVA
                Hm? Seid euch da nicht zu sicher!
                Er arbeitet nicht nur für eine Seite.

14   **AUßEN. STRAßE VOR EINEM HINTERHOF, PARKENDES AUTO -
      NACHT**   14

Dave und Dennis steigen aus. Dennis schaut sich um.

                    DENNIS
Hier müsste es sein.

                    DAVE
Miese Gegend.

                    DENNIS
Hier deponieren wir die Beiden.
Werden sich an nichts erinnern.

Sie tragen die beiden betäubten Männer aus dem Auto und
deponieren sie in einer hinteren Ecke des Hofes. Dennis nimmt
ihnen die Fesseln und das Tape ab. Etwas weiter oben geht in
einer Wohnung ein Licht an und erhellt den Hof.

                    DAVE
Was ist das für ein Teufelszeug, das
du denen gespritzt hast?

                    DENNIS
Kommt aus der medizinischen
Abteilung eines Geheimdienstes.
Frag mich nicht, wie wir da
drangekommen sind. Die forschen
an allem Möglichen. Fachlich gute
Leute, aber unberechenbar.

                    DAVE
Gab's bei uns früher auch mal.
Mediziner in der Folterforschung.
Sagt dir der Begriff
„Konzentrationslager" was?

                    DENNIS
Klar! Es gibt Leute, die haben alles
zusammengetragen: Von den
Deutschen, von den Japanern, von
Fachleuten hier um die Ecke, in
Guantanamo, dann im Irak und auch
in Georgien, vom Lugar-Center, wo
das biologische Zeug getestet wird.

Sind verschiedene Wissenschaftler
dabei.

                    DAVE
Wen meinst du? Von wem sprichst
du?

Das Fenster der gerade erleuchteten Wohnung wird geöffnet, was
die Unterhaltung beendet. Eine Stimme ruft:

              EINE MÄNNLICHE STIMME
Carlos? Seid ihr zurück?

                DAVE *(LEISE)*
Lass uns abhauen!

Sie verlassen den Hof, steigen wieder in den Straßenkreuzer und
fahren davon.

15   **INNEN. ALTER STRAßENKREUZER - NACHT**   15

Dennis fährt, Dave sitzt daneben.

                    DENNIS
        Ich setz dich in der Altstadt ab. Ruft
        mich an, bevor ihr Phil besucht.

                    DAVE
        Meinst du, ihr kriegt raus, wer diese
        Leute sind.

                    DENNIS
        Da bin ich mir sicher.

Dennis grinst.
Er schaut rüber zu Dave.

                    DENNIS
        Und du? Bist du wieder dabei?

                    DAVE
        Was bleibt mir übrig?

Dennis lacht und klopft Dave auf die Schulter.

                    DENNIS
          Dave! You got it! Ich habe immer ein
          Wort für dich eingelegt!

Der Wagen hält - und Dave steigt aus. Dennis winkt ihm eine
optimistische Geste zu: Daumen nach oben!

Dave winkt zurück. Schaut aber nachdenklich und etwas verwirrt,
nachdem das Auto von Dennis verschwunden ist.

16   **AUßEN. SEWASTOPOL PARK AM HAFEN - TAG**

(TITEL: „Sewastopol - Krim")

Mehrere Polizeiautos kommen herangerast und umstellen das
kleine Café am Hafen. MARIA geht auf sie zu, redet mit ihnen und
deutet dabei in die Richtung, in die das Motorrad verschwunden
ist.

Dave sitzt etwas verwirrt am Tisch. Maria kommt zurück, nachdem
die Polizeiautos verschwunden sind.

                    DAVE
          Was war das denn?

                    MARIA
          Die waren hinter dir her!

                    DAVE
          Das Pärchen?

                    MARIA
          Ja. Dave, du verschweigst uns was!

                    DAVE
          Gegenfrage: Woher hast du so
          schnell diese Polizisten geschickt
          bekommen?

                    MARIA
          Ich kenne jemanden, der einigen
          Einfluss hat.

Dave grinst, als wüsste er Bescheid.

                    DAVE
          Aha. Du musst es mir nicht sagen,
          wenn es zu heikel ist. Hauptsache,
          wir sind hier sicher.

                    MARIA
          Wieso bist du so wichtig, dass diese
          Leute dich auch hier suchen?

                    DAVE
          Keine Ahnung. Ich hab dir doch alles
          über mich erzählt. In dem Netzwerk
          war ich nur eine kleine Nummer.

                    MARIA
          Du meinst, diese Stalker, die ihren
          Spaß haben, wenn sie irgendwelche
          Leute ärgern. Dave, das kann es
          nicht sein.
          (Pause)
          Das ist nur Fußvolk, das man mit
          euren Fake-Videos in Bewegung
          halten kann! Kleine Leute, die in der
          Gruppe stark werden und immer
          irgendeinen Feind brauchen.

                    DAVE
          Den wir ihnen vorgegeben haben.

                    MARIA
          Also auch du?

Dave schaut verärgert.

                    MARIA

Was ist passiert, bevor du nach
Kolumbien gekommen bist?

DAVE
Hab ich dir doch erzählt. Wir hatten
nur diese kleine Stalker-Abteilung.
„Circle of pain". Lenkung durch
Schmerzen. Wir brachten Leute auf
die richtige Spur, wenn sie davon
abkamen. So war die
Sprachregelung. Meine
Anweisungen habe ich von
jemanden bekommen.

MARIA
Von wem?

DAVE
Von Dennis. Kennst du ja aus Kuba.

Dave greift sich an den Kopf, runzelt die Stirn.

MARIA
Kopfschmerzen?

DAVE
Ja.

MARIA
Vielleicht ist dir genau das passiert,
was sie mit mir in Bogotá gemacht
haben. Auch ich konnte mich an
nichts mehr erinnern, was in dem
Hotel passiert ist.

DAVE
Meinst du das, was du hinterher auf
dem Handy von Rick gesehen hast?

MARIA
Ja. Sie hatten mir irgendeine Droge
gespritzt… Könnte das nicht auch

mit dir passiert sein. Dein Dennis
hatte doch auch sowas.

Dave greift sich wieder an die Stirn. Erneute Zeichen von
Kopfschmerzen... Dann etwas ärgerlich...

DAVE
Ich war nicht so wichtig. Das Ganze
war doch nur am Wochenende. Im
Schichtbetrieb. Während der Woche
hab ich ganz normal meine Arbeit
gemacht. Da waren dann andere
zuständig.
 (Pause)
- Ich bin ganz einfach ausgestiegen,
hab mich für den
Lehrerauslandsdienst beworben und
bin zufällig an deine Schule nach
Kolumbien gekommen, weil dort
mein Vorgänger ausgefallen ist.

MARIA
Wieso hat dich Dennis in Kuba so
schnell gefunden?

DAVE
Vermutlich über Phil, der sich den
Laptop von Reynolds geschnappt
hatte. Phil und Reynolds mit ihrer
Firma haben sicher 'ne Truppe fest
entschlossener Leute aus der High-
Tech Branche! Und bei ihnen laufen
alle Fäden zusammen. Sie denken
langfristig - anders als die Politiker,
die immer nur für ein paar Jahre
gewählt werden. Und sie haben mit
Sicherheit eigene Ziele!
(Pause)
Ich nehme an, Dennis ist nur ein
Agent, der herauskriegen soll, was

die wirklich vorhaben. So 'ne Art
Sicherheitscheck. Deswegen will der
den Laptop.

                    MARIA
Hm! Du sagst, er sei der Chef in
Europa.

                    DAVE
Dennis leitet ein technisch gut
ausgestattetes Netzwerk in Europa.
Ein großes Netzwerk! Viele junge
Leute aus unterschiedlichen
Kreisen. Produzieren Deep-fake-
Videos und sowas. Macht enormen
Spaß!

                    MARIA
Was ist das? Deep-fake?

                    DAVE
Da werden Gesichter ausgetauscht,
um Leute in ein schlechtes Licht zu
rücken. Man spielt eine anzügliche
oder böse Szene und setzt dann die
Gesichter der Leute in den
laufenden Film ein,
(kleine Pause)
also die man bloßstellen will. Geht
inzwischen ganz einfach!

                    MARIA
Also Leute zu kompromittieren? So
wie bei denen, die aus
Geheimdiensten aussteigen wollen?

                    DAVE
So ähnlich, ja. Ist inzwischen wie ein
Spiel.
(Pause)

Mit wem er in den USA
zusammenarbeitet, ist unklar.
Vielleicht kommt das Ganze ja auch
von dort.

                    MARIA
Wie groß war das Netz in Europa?
Dave, du hast nicht alles
aufgeschrieben! Du hattest
versprochen, alles aufzuschreiben.

Maria deutet auf das Manuskript, das immer noch auf dem Tisch
liegt.

                    DAVE
Was ich weiß, habe ich
aufgeschrieben. Ricardo, dein
Halbbruder und Eva, seine
kubanische Kontaktperson haben
mir in Kuba geholfen - und ich hab
ein paar Leute bezahlt. So wie Juan.
Mit Dollars. Jeder will dort Dollars.
Echte Dollars, nicht das Geld für die
Touristen.

                    MARIA
Dennis ist kein Amerikaner, aber er
arbeitet für sie. Er ist auch ganz
sicher kein Kubaner. EVA meinte, er
sei Russe. Mal ehrlich: Was hattest
du mit ihm zu tun?

Dave windet sich, versucht auszuweichen.

                    DAVE
Er ist hinter dieser Reynolds-Truppe
her. Sie wollten zusammenarbeiten.

Er spricht Englisch mit
amerikanischem Akzent, Deutsch
und perfekt Spanisch.

> MARIA
> Er sprach zwar gut Spanisch, aber
> sein Akzent war anders... In ganz
> Lateinamerika erkennt man am
> Akzent die Herkunft der Leute -
> jedenfalls ungefähr. Es klang eher
> nach Osteuropa, ein slawischer
> Unterton.
> - Also: Wie war das in Kuba?

Maria deutet auf das Manuskript.

> MARIA
> Deine Erinnerung funktioniert
> besser, wenn du schreibst.
> *(Kurze Pause)*
> Aber lass uns jetzt zurück ins Hotel
> gehen. Da hast du mehr Ruhe.

Sie stehen auf, Maria zahlt, Dave nimmt das Manuskript in eine Umhängetasche und sie gehen zusammen durch den Park in das naheliegende Hotel, bzw. in das Gästehaus in der Senyavina-Straße Nummer 3. Unterwegs checkt Maria mehrmals, ob ihnen jemand folgt. Vor dem Haus stehen hohe Bäume, was die Atmosphäre etwas düster erscheinen lässt. Sie treten ein.

17   **INNEN. GÄSTEZIMMER IN SEWASTOPOL - DÄMMERUNG/ NACHT**
17

Dave setzt sich an einen Tisch, der direkt am Fenster steht, klappt den Laptop auf und schreibt. Maria kommt dazu und zieht energisch die Vorhänge zu.

> DAVE
> Warum so ängstlich? Niemand weiß,
> dass wir hier in dieser Absteige sind.

> MARIA
> Das dachten wir auch am Hafen.

> DAVE

Hattest du dort mit Ricardo
gesprochen?

MARIA

Mit seinem Vater. Er hat seine
Beziehungen. Das sollte uns hier
nützen. Schreib weiter. Kuba!

Dave dreht sich wieder um zu seiner Arbeit - schaut schräg nach
oben, wie um sich zu erinnern.

RÜCKBLENDE. WAS PASSIERTE IN KUBA?

**(Die zeitliche Abfolge kann generell über ungefähre
Datumsangaben angegeben werden: Wochen oder Monate
davor oder danach.)**

18   **AUßEN. „HABANA-RETRO" CAFE/RESTAURANT - ABEND**   18

Dave sitzt mit EVA und einem jungen Kubaner im Außenbereich
einer Gaststätte im Zentrum des Stadtteils Vedado (Havanna). Vor
dem Restaurant führt in 20 Meter Entfernung eine breite Straße
(Avenida 23) vorbei, auf der ab und zu alte amerikanische
Straßenkreuzer vorbeifahren.

DAVE

Habt ihr den Schlüssel für Phils
Hotelzimmer?

EVA

Ja. Aber du solltest das doch besser
mir überlassen. Ich gebe mich als
seine Begleitung aus. Während er
mit Ricardo redet, hole ich den
Laptop raus.
Hast du das Austausch-Modell?

Dave holt einen Laptop aus seinem Rucksack und übergibt ihn an
Eva, die ihn in eine Laptop-Tasche packt.

                    DAVE
Wo treffen wir uns wieder?

                    EVA
Bei Don Quixote; dem Denkmal. Du
kennst den Platz doch!

                    DAVE
Klar. Ruf mich an, wenn es geklappt
hat.

Dave notiert eine Nummer auf eine Serviette und gibt sie Eva.

                    EVA
Ihr solltet Dennis nicht allzu viel
anvertrauen.

                    DAVE
Was weißt du von ihm?

                    EVA
Er ist nicht der, für den ihr ihn haltet.

                    DAVE
Er kommt aus Europa und arbeitet
wohl für die DEA, indirekt, soweit ich
weiß. Kommt viel in der Welt rum.

                    EVA
Du kennst ihn aus Deutschland!
Was war da?

                    DAVE
Woher weißt du das? Ricardo?
(Pause)
Du warst seine Verbindung nach
Kuba. Oder?

Eva geht nicht darauf ein. Schaut nur kurz zu Dave.

                    EVA

Auf alle Fälle ist Dennis kein
Amerikaner.

Dave zuckt gleichgültig mit den Schultern.

DAVE
Und kein Deutscher.

Evas Handy summt. Sie nimmt ab, hört eine Weile, dann:

EVA
Ich muss los. Ricardo und Phil
haben das Hotel verlassen und sind
in ein Café gegangen.
Dahinten kommt das Taxi.

Sie hängt Dave ein Amulett mit einer silbernen Kette um den Hals.

EVA
Erst aufmachen, wenn ich mich bei
dir melde!

Sie eilt mit der Laptoptasche runter zur Straße, wo das Taxi hält.
Sie steigt ein. Dave schaut ihr verwundert nach und wirft einen
Blick auf das bunt verzierte Amulett, auf dem ein dünner, bärtiger
Mann abgebildet ist, der auf einem Esel reitet und ein Schwert in
die Luft streckt: Don Quixote.

19   **INNEN. GÄSTEZIMMER IN SEWASTOPOL - DÄMMERUNG/ NACHT**
19

Maria sitzt Dave gegenüber, legt das Skript, an dem Dave
weitergeschrieben hatte, beiseite.

MARIA
Was ist das für ein Amulett?

Dave zögert bei der Antwort...

DAVE
Ist mir am Zoll verlorengegangen.

Maria schaut skeptisch rüber zu ihm.

                    MARIA
          Wieso hast du mir nicht eher von ihr
          erzählt. Sie kannte dich - und du
          kanntest sie.
          (Pause)

Sie schaut Dave fragend an.

                    MARIA
          Ich dachte, DU solltest den Laptop
          austauschen.

                    DAVE
          Sie hat ihn ausgetauscht und
          Ricardo gegeben.
          (Pause)
          Und von dem habe ich ihn
          bekommen. Hat Ricardo nicht
          darüber geredet?

                    MARIA
          Über seine Verbindung nach Kuba
          haben wir wenig geredet. Von Eva
          wusste ich vor dieser Aktion gar
          nichts. Ricardo hatte sie mir mit dem
          Taxi geschickt.
          Aber was war mit deinem Dennis?
          Woher wusste sie von ihm?

                    DAVE
          Er war wohl oft in Kuba. Das ist
          denen aufgefallen. Und da er auf
          junge Frauen steht, hatte man EVA
          auf ihn angesetzt.

                    MARIA
          Wie alt ist sie?

                    DAVE

Achtundzwanzig. Ricardo kennt sie
schon lange. Sie hielt die
Verbindung nach Venezuela.

                MARIA
Dann hat sie einigen Einfluss. Für
ihr Alter ist das erstaunlich!

                DAVE
Erstaunlich ist auch, dass Ricardo
dir nichts von ihr erzählt hat. In Kuba
ändert sich gerade einiges. Mehr
unterschwellig, über die großen
Hotelketten, nehme ich an. Das
vermutet jedenfalls Juan, unser
Taxifahrer.

                MARIA
Und Dennis? Wie habt ihr ihn
abgeschüttelt? Er wollte doch auch
den Laptop von Reynolds.

                DAVE
Den haben wir auf Phil angesetzt.
EVA hat das arrangiert!
Der dachte, Phil habe den Laptop
von Reynolds.
 (kurze Pause)
Hatte er ja auch, aber Eva hat ihn
zuvor ausgetauscht.
Ich nehme an, dass die jetzt ihren
Konflikt mit der DEA austragen.

                MARIA
Vielleicht ist Dennis ja doch selbst
von der Drogenbehörde? Und auf
Phil und Reynolds angesetzt?

Sie schaut Dave fragend an.

                MARIA

Weil sie ein falsches Spiel vermutet
haben?
(Pause)
Du weißt, fast alle Geheimdienste
sind ziemlich paranoid geworden,
seit der kalte Krieg zu Ende und
alles so unübersichtlich ist.

                DAVE
Sie sind zu schnell gewachsen,
ersticken an ihren vielen Daten, seit
der Islamismus sich weltweit
ausgebreitet hat.

                MARIA
Mit Hilfe der USA! Sie haben den
Islamismus groß gemacht mit ihren
Kriegen.

                DAVE *(LEISE)*
Die überblicken ihre eigene Szene
nicht mehr.

                MARIA
Die DEA hat mit Sicherheit selbst
ihre Spieler in Europa.

                DAVE
Dann wäre der Kontakt zu Dennis
eine Falle für die Reynolds-Truppe
gewesen.
Ehrlich gesagt: Ich habe ihn nie
ganz durchschaut.

                MARIA
Manchmal denke ich, diese
Geheimdienste sind inzwischen
selbst sowas wie 'ne Mafia. Keiner
kontrolliert sie wirklich. Die
Regierungen wechseln, sie bleiben!

                    DAVE
          Und 'ne Mafia, die heute was auf
          sich hält, baut sich eigene
          Geheimdienste auf oder kauft sich
          dort ein. Geld genug ist da.

Maria steht auf und läuft im Zimmer umher, sie scheint zu
überlegen.

                    MARIA
          Denkst du dabei an Dennis? Du hast
          doch mit Dennis in Deutschland
          zusammengearbeitet.

                    DAVE
          Er gab die Anweisungen. Mehr
          nicht. Ich habe ihn nicht oft
          gesprochen. Meist nur über Skype.

                    MARIA
          Dave. Ich glaube, er und seine
          Leute sind es, die dich verfolgen.
          (Pause)

                    DAVE
          Dazu passt aber nicht, dass er uns
          in Kuba gerettet hat.

                    MARIA
          Aber warum bist du so wichtig für
          ihn. Wenn du nur eine Nebenfigur
          wärst, hätte er dich einfach ersetzen
          können. Das kapier ich immer noch
          nicht.
          Schreib weiter!

Dave nimmt das Manuskript, schaut sich die letzte Seite nochmal
an und legt das Manuskript zur Seite. Er setzt sich an den Laptop
und schreibt weiter…

Zwischentitel: „HAVANNA/KUBA".

<table>
<tr><td>20</td><td>**INNTEN. HOTELFLUR (HOTEL IN HAVANNA/KUBA) - TAG**</td><td>20</td></tr>
</table>

Eva läuft im Dress einer Hotelangestellten den Flur entlang und schiebt einen Rollwagen mit Wäsche vor sich her. Sie schaut auf die Zimmernummern. Vor einem Zimmer bleibt sie stehen, nimmt eine Chipkarte und öffnet die Türe. Sie betritt das Zimmer.

<table>
<tr><td>21</td><td>**INNEN. ZIMMER IN EINEM HOTEL IN HAVANNA/KUBA - TAG**</td><td>21</td></tr>
</table>

Eva schiebt den Rollwagen ins Zimmer und schließt die Türe von innen. Jetzt werden ihre Bewegungen schneller. Sie schaut sich um, geht an den Schrank, öffnet ihn. Nur Kleider. Also weiter. Das Schränkchen neben dem Bett, auf dem ein kleiner Tischwecker steht. Auch nichts. Sie hebt die Matratze hoch. Nichts. Sie dreht sich um, schaut nochmal auf die kleine Tischuhr mit Weckfunktion. Sie nimmt die Uhr und wendet diese. Aha. Eine eingebaute Kamera. Sie nimmt die SD-Karte raus, auf der vermutlich ihr Kommen registriert wurde. Ihr fällt die Mini-SD-Karte auf den Boden neben dem Bett. Sie bückt sich, schaut dabei unter das Bett. Sie sieht einen auf den ersten Blick kaum sichtbaren Bettschubkasten und zieht ihn hervor. Darin liegt ein Laptop-Rucksack. Sie öffnet ihn. Das war's. Sie nimmt einen Laptop, der unter der Wäsche im Rollwagen liegt, und tauscht diesen gegen den Laptop im Rucksack aus.

Sie verlässt das Zimmer mit dem Rollwagen und schiebt ihn ans Ende des Flurs zu einem gerade ankommenden Aufzug. Aus dem Aufzug tritt Phil. Sie grüßen sich. Phil kennt Eva nicht. Und ihr Dress erscheint glaubwürdig. Eva schiebt den Rollwagen in den Aufzug - und fährt nach unten.

<table>
<tr><td>22</td><td>**INNEN. ZIMMER IN EINEM HOTEL IN HAVANNA/KUBA - TAG**</td></tr>
</table>

Phil tritt ein, geht ans Bett, greift darunter und zieht den Bettschubkasten hervor, nimmt den Laptop-Rucksack. Er öffnet ihn, zieht den Laptop raus und steckt ihn wieder rein. Dann schiebt er den Schubkasten mit dem Rucksack wieder unter das Bett. Es scheint ihn beruhigt zu haben, dass alles noch seine Ordnung hat.

23   **INNEN. HOTELLOBBY (HAVANNA/KUBA) - TAG**   23

Dennis betritt das Hotel. Er hält einen dicken Briefumschlag in der Hand, geht damit zum Empfangsschalter. Er redet mit dem Mann am Empfang. Der nimmt das Telefon, ruft jemand (Phil) an.

24   **INNEN. ZIMMER IN EINEM HOTEL IN HAVANNA/KUBA - TAG**   24

Das Zimmertelefon klingelt. Phil geht ran und nimmt den Hörer ab.

                 PHIL
       Soll hochkommen!

Phil legt den Hörer wieder ab, geht an den Schrank, zieht eine Pistole aus einer Jacke, die dort an einem Bügel hängt, und steckt sich diese hinten unter den Hosengürtel. Er lässt die Jacke darüber fallen.

Es klopft.

                 PHIL
       Ja, bitte.

Die Türe geht auf und Dennis tritt ein.

                 DENNIS
       Hallo Phil, wie geht's denn so?

                 PHIL
       Kennen wir uns?

                 DENNIS
       Die DEA!

       Ich soll dich grüßen und dir einen
       neuen Auftrag geben.

                    PHIL
          Kann ich mir schwer vorstellen. Das
          geht nur über unsere Firma. Von der
          bekommen wir unsere Aufträge.

                    DENNIS
          Sagen wir so: Wir sind dabei, eure
          Firma zu übernehmen. Schau nach!
          Hier sind die Unterlagen.

Er gibt Phil den Umschlag. Phil nimmt ihn entgegen, schaut aber
nur skeptisch drauf.

                    PHIL
          Ziemlich schwer für ein paar
          Papiere!

                    DENNIS
          Mach ruhig auf.

                    PHIL
          Das würde ich gerne dir überlassen.

Phil grinst und schaut Dennis an, als habe er ihn durchschaut. Er
wirft den Umschlag in Richtung Dennis auf den Boden. Dabei hört
man ein Geräusch, das unmöglich von Papier stammen kann.

                    DENNIS

Phil, das ist sehr unhöflich.

Urplötzlich greift Phil zu seiner Pistole und hält sie Dennis
entgegen.

                    PHIL
          Wer immer du bist, ich mach dir
          einen Vorschlag,

Dennis lacht und setzt den Satz spontan fort:

                    DENNIS
          Den ich nicht ablehnen kann...
          Verstehe.

Er bückt sich, greift zum Umschlag, wirft ihn wieselflink mit der
linken Hand wie ein Frisbee in Richtung Phil, wobei er sich
gleichzeitig zur Seite wirft und mit der rechten Hand eine Waffe
zieht. Phil hatte einen Schuss abgegeben, der Dennis nicht trifft.
Dennis schießt und trifft Phil an der Hand. Phils Pistole fällt auf
den Boden.

                    DENNIS
            Jetzt mach ich dir einen Vorschlag:
            Gib mir den Laptop deiner Chefin -
            und dir passiert weiter nichts.

Phil hält sich die leicht blutende Hand, schaut drauf: Er kann seine
Finger noch bewegen. Der Schuss hatte ihm in erster Linie die
Waffe aus der Hand geschlagen.

                    PHIL
            Guter Schütze! Alle Achtung. -
            Der Laptop ist nicht hier. Er ist unten
            in einem Hotelsafe.

                    DENNIS
            Das Hotel hat keinen Safe für
            Kunden. Es gibt nur den Safe hier
            im Schrank.
            Aber so blöd bist du nicht, ihn dort
            zu lassen, wo jeder hier sofort
            suchen würde.
            Also raus mit dem guten Stück!

Dennis richtet seine Waffe auffordernd gegen Phil. Der gibt sich
geschlagen - und holt den Laptop-Rucksack unter dem Bett
hervor.

Dennis nimmt ihn mit vorgehaltener Waffe entgegen.

                    DENNIS
            Na dann! Schönen Gruß an deine
            Chefin in Kolumbien!

Er grinst, während er rückwärts in Richtung Türe läuft, diese öffnet und verschwindet.

Phil greift trotz seiner Verletzung an der Hand zum Telefon (Handy?) und ruft seine Leute an.

> PHIL
> ... Einer der DEA-Leute hat den
> Laptop von Reynolds! Einsachtzig
> groß, schlank, sportlich, ungefähr
> Ende 40 Anfang 50. Graue Haare.
> Jeans und graue Jacke. Er verlässt
> gerade das Hotel...
> Habt ihr jemand in der Nähe?
> *(Pause)*
> In Ordnung, ich komme.

Abblende / Aufblende

25   **AUßEN. STRAßE VOR DEM HOTEL IN HAVANNA - TAG**

Dennis verlässt das Hotel mit dem Laptop-Rucksack. Ein Auto fährt heran und hält direkt neben ihm. Zwei bewaffnete Männer steigen aus, richten die Waffe gegen ihn. Sie geben ihm Zeichen, er solle einsteigen. Dennis steigt ein. Im Auto entsteht ein Gerangel, ...
Dennis steigt seelenruhig wieder aus, hängt sich den Laptop-Rucksack um und geht aus dem Bild. Das Auto bleibt stehen. Im Hintergrund ist Phil zu sehen, der vor dem Hoteleingang steht und dann in Richtung des stehenden Autos losgeht...

26   **INNEN. STRAßENKREUZER VOR DEM HOTEL IN HAVANNA - TAG**
26

Eva beobachtet die Szene 25 aus ihrem Auto heraus und hält dabei ein Handy am Ohr.

> EVA
> Dave? *(Pause)*
> Ja.

Dennis hat sich den Laptop geholt.
Es gab ein kleines Gerangel - wohl
mit Phils Leuten. Es läuft aber wie
von Pablo geplant. Ich denke,
Dennis wird bald merken, was es mit
dem Laptop auf sich hat. Ihr müsst
verschwinden.
(Pause)
Ricardo fliegt schon heute. Er hat
den Original-Laptop von Reynolds.

<table>
<tr><td>27</td><td>**AUßEN. CAFÉ IN DER ALTSTADT VON HAVANNA - TAG**</td><td>27</td></tr>
</table>

Dave und Maria sitzen an einem Tisch im Freien. Dave hält ein
Handy am Ohr. Laute Außengeräusche.

                      DAVE
Ich dachte, ich hab den richtigen.

<table>
<tr><td>28</td><td>**INNEN. STRAßENKREUZER VOR DEM HOTEL IN HAVANNA - TAG**</td><td></td></tr>
<tr><td></td><td></td><td>28</td></tr>
</table>

                      EVA
Den würden sie dir in Moskau
abnehmen. Ricardo hat den
richtigen.
(Pause)
Ich habe zwei Tickets auf die Krim,
nach Simferopol für euch
reservieren lassen. Dort fahrt ihr
dann mit dem Bus nach Sewastopol.
Ihr fliegt über Moskau.
Viel Glück! Und bis bald!

Eva beendet das Gespräch mit einem Tastendruck auf das Handy.
Dann wählt sie neu:

                      EVA
Pablo?
(Kleine Pause) Ja, ich bin's. Alles

klar soweit. Sag Jorge, dass es gut
läuft... *(Pause)*
Ja, er wird es auf der Krim erfahren.

Eva beendet das Gespräch...

 AUßEN. CAFÉ IN DER ALTSTADT VON HAVANNA - TAG

Fortsetzung von Szene 27cccc. Dave hat „aufgelegt". Maria schaut
erwartungsvoll zu ihm.

       MARIA
Und?

       DAVE
Eva. Sie hat uns zwei Tickets nach
Simferopol besorgt. Wir fliegen über
Moskau.

 INNEN. GÄSTEZIMMER IN SEWASTOPOL - DÄMMERUNG/ NACHT

Ein Drucker druckt ein Blatt aus. Maria hält ein ganzes Bündel
(das Skript, das sie zuvor schon mal in der Hand hatte) und nimmt
das letzte Blatt dazu.

Sie schaut kurz drauf.

       MARIA
Woher wusstest du das?

       DAVE
Von Eva. Ihre Leute hatten beide im
Blick: Dennis und Phil.

       MARIA
Von Eva?
(leise)
Immer wieder Eva.
(Pause)
Dein Dennis scheint ja ein Supertyp

zu sein. Woher hat er diese
Ausbildung?

                    DAVE
Er war mal bei irgendeiner Einheit
für Spezialeinsätze.

                    MARIA
Woher weißt du das?

                    DAVE
Ein Freund von mir war dort mit ihm
zusammen.

Dave greift sich an den Kopf.

                    MARIA
Was ist? Kopfschmerzen?

                    DAVE
Ach nichts.

                    MARIA
Und? Hast du noch Freunde bei
denen?

Dave wirkt angestrengt, nervös.

                    DAVE
Ich denke doch. Ja.

                    MARIA
OK. Quäl dich nicht! Musst du jetzt
nicht sagen. Genug für heute.
Morgen treffen wir Ricardo.

                    DAVE
Bei seinem Vater?

                    MARIA
Ich hoffe, die haben sich
ausgesöhnt.

                    DAVE
War da was, das ich wissen
müsste?

                    MARIA
Wird sich zeigen. Er fühlte sich als
Kind von ihm im Stich gelassen.

                    DAVE
Kanntest du ihn?

                    MARIA
Dimitri? Klar. Er hatte gute
Beziehungen nach Russland. War
eine ganz zentrale Figur in Kuba, bis
er zurück ging.

                    DAVE
Wird Ricardo ihm den richtigen
Laptop geben?

                    MARIA
Wieso hattest du mir nicht gleich in
Havanna gesagt, dass unserer hier
ein Fake ist?

Dave schaut abwesend zur Seite, überlegt. Kratzt sich am Kopf.

                    DAVE
Sie sagte damals: „Bis bald!" Das
hatte ich nicht verstanden. Wieso
sollte ich sie wiedersehen? Ich hatte
nicht vor, nach Kuba
zurückzukehren.

                    MARIA
Vielleicht steht sie auf dich?

Dave schüttelt ärgerlich den Kopf, geht nicht darauf ein.

                    DAVE

Eva hatte Recht. Der ist bei Ricardo
sicherer aufgehoben. Er spricht
Russisch und hat die besseren
Ansprechpartner.
(Pause)
Ist Dimitri unser Mann?

MARIA
Er hat einen Freund namens Sergei,
der ist zwar schon an die 70, hat
aber gute Beziehungen zu
Computerleuten im SWR, im
russischen Geheimdienst. Wer sonst
könnte uns hier helfen?

DAVE
Vielleicht sollte dann Ricardo das
alleine regeln - und wir treffen ihn
bei diesem Dimitri in Jalta?

(Pause - keine Antwort)

Ich geh mich duschen.

Dave verlässt das Zimmer in Richtung Bad.
Danach sieht man ihn hinter einem Plastikvorhang unter der
Dusche. Maria steigt dazu.
Abblende.

31 **INNEN. HAUS IN JALTA - TAG**   31

Dimitri, der Vater von Ricardo, sitzt mit seiner Frau Swetlana auf
der Veranda seines Hauses in Jalta, von wo aus man einen guten
Blick auf das Meer hat. Er liest in einem Buch.

SWETLANA
Dimitri? Was liest du da?

DIMITRI
Fukuyama. Hat mir Ricardo
mitgebracht.

SWETLANA

Japaner?

DIMITRI

Nein, Amerikaner. Schreibt über den
Verlust von „Würde" und das
Bedürfnis der Menschen, eine
eigene Identität zu entwickeln.

SWETLANA

Verlust von Würde? Ist das nicht
genau das, was die USA immer
wieder anderen Ländern zumuten?

DIMITRI

So ungefähr. Aber das ist eine
generelle Gefahr für alle, die sich
von anderen manipulieren lassen.
(Pause)
Und er meint, die
Gegenbewegungen seien heute
weltweit der Islamismus oder der
Nationalismus, weil es sonst keine
große Idee mehr im globalen
Kapitalismus gebe.

SWETLANA

Oh je! Große Ideen! Klar, dass
sowas Ricardo gefällt.

DIMITRI

Und hat er nicht Recht? Um unsere
Idee des Sozialismus steht es nicht
gut, seit die Sowjetunion
weggebrochen ist.
(Pause)
Swetlana, was denkst du?

SWETLANA

Lies nicht so depressives Zeug, das
zieht dich nur noch mehr nach

unten. Nimm dir ein Beispiel an
Ricardo, der ist immer noch
optimistisch!

DIMITRI
Ja, aber aus Venezuela ist er
abgehauen.

SWETLANA
Venezuela hatte keine Chance. Und
die kapitalistische Welt zerfällt
gerade genauso. Die merken es nur
noch nicht.

Während sie noch redet, klingelt das Handy, das auf dem Tisch
liegt. Dimitri nimmt ab.

DIMITRI
Ja? Ach Alexej! Wieder mal zurück?
Was machen die Geschäfte?
(Pause)
Nicht am Telefon!
Komm doch vorbei. Wir besprechen
das hier in Jalta.
Nimm den Bus, der hält hier ganz in
der Nähe.

32   **INNEN. DAS ERSTE VON ZWEI FAHRENDEN AUTOS/ LANDSTRAßE
NAHE DEM MEER - TAG**   32

Im ersten Auto sitzt Dennis (Alexej) mit vier anderen Männern. Es
sind drei kräftige, dunkle Gestalten und ein schmächtiger mit einer
runden Nickelbrille Typ „Nerd". Der Nerd hält einen Laptop auf
dem Schoß und trägt Kopfhörer. Dennis hält sein Handy am Ohr,
während er fährt.

DENNIS (ALEXEJ)
OK, ich nehme den Bus. Hast du die
Adresse von Sergej?

   INNEN. HAUS IN JALTA - TAG

Wieder Dimitri (im Gegenschuss)...

> DIMITRI
> Ja, er wohnt noch immer in dem
> Haus am Park, das du von früher
> kennst. Aber: Wie gesagt, komm
> vorbei. Dann reden wir.

Dimitri beendet das Gespräch.

> SWETLANA
> Was will er?

> DIMITRI
> Hat Ärger wegen seiner Frau. Irina
> hat ihn wohl verlassen und ist bei
> ihrem Vater.

> SWETLANA
> Bei Sergej?

> DIMITRI
> Ja.

Swetlana grinst und spricht leicht ironisch weiter.

> SWETLANA
> Jetzt hat er sie so sehr mit
> Geschenken überhäuft. Und dann...

> DIMITRI
> Aber er ist ja dauernd unterwegs.

> SWETLANA
> Das war doch bei dir nicht anders.

> DIMITRI
> Was redest du?! In Kuba warst du
> doch dabei. Wir waren jahrelang
> zusammen.

SWETLANA

Das mit Irina kommt von mir. Ich
habe ihr geraten, Alexej zu
verlassen. Sie ist noch jung und
hübsch. Sie hat ein besseres Leben
verdient, als in so einer Villa zu
versauern.

DIMITRI

Wie ich dich kenne, hast du einen
Hintergedanken. Denkst du an
Ricardo?

SWETLANA

Sie haben sich getroffen, als du in
Sewastopol warst.

DIMITRI

Und?

SWETLANA

Sie hat Ricardo ein Bild von sich und
Aljoscha gezeigt. Und jetzt pass auf!
Ricardo kannte ihn aus Kuba.

DIMITRI

Na und?

SWETLANA

Ricardo hat ihr von einer EVA
erzählt, mit der Aljoscha in Kuba
zusammen war. Und die hielt ihn für
einen amerikanischen Agenten!
Diese EVA war auf ihn angesetzt!
(Pause)
Und dort nannte er sich Dennis,
nicht Alexej.

DIMITRI

Ricardo könnte sich irren! Alexej war
einer von uns, soweit ich weiß. Er

hat auch hier noch seine
Verbindungen.
(Pause)
Dann ist sie also eifersüchtig?

                SWETLANA
Nein, d.h. nicht nur.
Aljoscha hatte sie vom Ausland aus
angerufen. Sie hatte von ihm den
Auftrag bekommen, mit deinem
Ricardo anzubandeln, ihm ein
Getränk zu präparieren und dann
seinen Laptop zu entwenden.

                DIMITRI
Ist Ricardo in Geheimdienstsachen
verwickelt?

                SWETLANA
Schon möglich. Auf seinem Laptop
sollen verschlüsselte Daten sein!
(Pause)
Aber Irina hat wohl Gefallen an ihm
gefunden und ist jetzt auf seiner
Seite.

                DIMITRI
Und nun soll Sergej sie von Aljoscha
schützen?

                SWETLANA
Nehme ich an.

                DIMITRI
Traust du ihr?

Swetlana schaut überrascht. Dimitri greift zum Telefon…

                DIMITRI
Ricardo? Ich bin's, Dimitri. Ist Irina
bei dir?

(Pause)
Geht zusammen zu Sergej, er kann
euch mit dem Laptop helfen. Er
wohnt in Sewastopol.
(Pause)
Ich schick dir gleich 'ne SMS.
Und kontaktiere Maria. Sie hatte
Ärger am Hafen in Sewastopol. Ihr
deutscher Freund wird angeblich
hier bei uns verfolgt.
(Pause)
Ich denke, Sergej würde euch
helfen, wenn er vermutet, dass
Alexej ein Doppelspiel treibt.

Dimitri legt auf.

SWETLANA
Ziehst du schon wieder deine
Strippen?

Dimitri lacht.

DIMITRI
Das sagt die Richtige!

Abblende…

34   **INNEN. FAHRENDES AUTO/ LANDSTRAßE NAHE DEM MEER - TAG**
34

Personen wie in Szene 32: Alexej/Dennis, der Nerd und drei
Begleiter.

DER NERD
Ricardo bringt den echten Laptop zu
Sergej.

ALEXEJ/DENNIS
Das dachte ich mir. Sergej hat seine
Beziehungen zu den Hackern. Nur

er kann denen helfen. Wir fahren zu
Sergej!

Sie wenden ihr Auto und fahren in die entgegengesetzte Richtung.

INNEN. HAUS AM PARK IN HAFENNÄHE/ SEWASTOPOL - TAG

Irina, die Frau von Dennis/Alexej, trifft sich mit Ricardo bei Sergej,
ihrem Vater, der mit Dimitri lange beim SWR, dem russischen
Geheimdienst, gearbeitet hat. Ricardo bringt seinen Laptop mit,
stellt ihn auf ein Regal und drückt wie nebenbei auf einen Knopf.
Was Sergej nicht sieht, die Kamera (für den Zuschauer) aber zeigt:
Das Gerät schaltet sich ein, eine kleine grüne Lampe blinkt kurz an
der Seite auf.

**INNEN. HOSTAL-SILVA, GROßES ESSZIMMER DES HAUSES -
NACHT**

Eva, Phil und Pablo sitzen um einen großen Holztisch, auf dem die
Laptoptasche von Reynolds liegt, und schauen gebannt auf einen
Monitor, der auf dem Tisch steht und die Szene bei Sergej in
Sewastopol zeigt. Sie lauschen aber vor allem dem Gespräch, das
sie mithören.

INNEN. HAUS AM PARK IN HAFENNÄHE/ SEWASTOPOL - TAG

Fortsetzung von Szene 35. Sergej sammelt die Handys von
Ricardo und Irina ein und steckt sie in eine Box. Sie setzen sich
um einen Tisch auf der Terrasse und blicken auf das Grün des
Parks, woher man die Klänge einer russischen Rock-Band hört.
Sergej runzelt die Stirn und wendet sich an Ricardo.

> SERGEJ
> Also du bist Ricardo, Dimitris Sohn -
> und du hast den Laptop einer US-
> Agentin, die Anschluss an ein
> weltweites Netzwerk am Rande der

amerikanischen Anti-Drogenbehörde
hatte?

Sergej deutet auf den Laptop und wendet sich dann an Irina.

SERGEJ
Und du solltest diesen Laptop für
deinen Mann stehlen, der ein
Doppelagent ist und möglicherweise
Kontakte zur Organisierten
Kriminalität hat.

Sergej schüttelt den Kopf und überlegt. Ricardo sieht dies und
ergreift die Initiative.

RICARDO
Der Mann, den ihr Alexej nennt, hat
in Kuba unter dem Namen Dennis
gearbeitet, hat Kontakte zu US-
Geheimdiensten und ein eigenes
Netzwerk in Europa, das sich unter
anderem aufs Stalken von
unliebsamen Personen spezialisiert
hat.

SERGEJ
Wir beobachten das. Unsere
Hackergruppe hat da Leute mit drin.
Es geht um sowas wie
Gleichschaltung. Nicht offen wie zur
Nazizeit, sondern versteckt. Das
vermuten einige bei uns.
Es gibt einflussreiche Leute, die
glauben, im Westen sei die
Demokratie zu schwach geworden,
um die großen Probleme zu lösen.

RICARDO
Das sehen wir bei uns auch so. Die
Wahl des verrückten US-
Präsidenten und der Brexit zeigen

angeblich das Ende der
Fahnenstange. Der Kapitalismus
zerfalle von innen.

SERGEJ
Also ein ganz großes Ding, das
unter dem Radar der Medien und
der großen Politik laufen soll.
(Pause)
Irina, hast du oftmals junge Leute
bei euch ein und aus gehen sehen?

IRINA
Er hat sich nie mit Leuten bei uns
getroffen. Nur meine Haushälterin
kam zu uns. Für mich war das Haus
ein Gefängnis.
(Pause)
Ich will Alexej verlassen.

SERGEJ
Du weißt, das wird er nicht so
einfach hinnehmen. Noch wissen wir
nicht, ob er wirklich ein Doppelagent
ist oder nur ein paar
Nebengeschäfte treibt - wie alle.

RICARDO
Ihr könntet das ja überprüfen. Maria
und ihr deutscher Freund sind hier in
Sewastopol. Sie haben ein Double
des Laptops. Wenn er diesen
zweiten Laptop in die Hände
bekommt - und ihn euch nicht
ausliefert, dann ist er nicht loyal.

SERGEJ
Das wäre eine Aufgabe für Irina.
Irina, dann müsstest du noch einmal
zurück zu deinem Mann.

Weiß er von Ricardo?

                    IRINA
Ja. Er scheint mich zu überwachen -
den Verdacht hatte ich schon lange.

                    SERGEJ
Klar, dein Handy. Er kann alles
mithören, wenn du es dabei hast.

Irina erschrickt.

                    IRINA
Oh Gott!
(Kleine Pause)
Er will, dass ich ein wenig mit
Ricardo flirte. Und dann sollte ich
ihm KO-Tropfen geben und den
Laptop wegnehmen.

Irina ist hübsch, erscheint aber, gerade beim Reden, etwas naiv.

Sergej greift zum Telefon und wählt eine Nummer.

                    SERGEJ
Dimitri. Ich bin's. Ist Aljoscha schon
bei dir?
(Pause)
Was? Beruhige dich! Er wird sicher
noch kommen. Vielleicht den Bus
verpasst?
Dann sag ihm, dass ich Irina
überzeugt habe, zu ihm
zurückzukommen. Sie werde seinen
Wunsch erfüllen und sich mit
Ricardo bei mir treffen.

AUßEN. KLEINES CAFÉ AM HAFEN VON SEWASTOPOL - TAG

Dave und Maria sitzen an einem kleinen Tisch im Freien - mit Blick auf die Bucht - und frühstücken.

MARIA
Wie gefällt dir Sewastopol?

DAVE
Hier am Hafen ist es schön. Aber
noch habe ich nicht viel gesehen.

Maria zeigt ihm ein Prospekt.

MARIA
Du bist doch Historiker. Hier gibt es
viel für deine Zunft: Die Vladimir-
Kirche und Ruinen aus der großen
Zeit der Griechen ganz in der Nähe.

In dem Moment klingelt das Handy von Maria. Sie nimmt ab.

MARIA
Ricardo! Endlich! Wo bist du?
(Pause)
Was sagst du? Unser Dennis ist
hier!
(Pause)
Er läuft unter anderem Namen?

Dave wird hellhörig und schaut erstaunt zu Maria, die weiter telefoniert.

MARIA
So. Er fährt zu Dimitri. Und du
brauchst unseren Laptop?
(Pause)
Ja, können wir machen.

Maria „legt auf" und wendet sich mit Stolz im Blick zu Dave.

MARIA

Hab's doch gewusst! Es ist Dennis.
Dein Dennis. Und er nennt sich hier
Alexej.

DAVE

Du sagtest: „Können wir machen!"
Was können wir machen?

MARIA

Ricardo hat bei einem Freund von
Dimitri dessen Tochter
kennengelernt. Und das ist die Frau
von unserem Dennis. Sie soll mit
Ricardo anbandeln und ihm dann
den Laptop abnehmen. Von Dennis
fühlte sie sich vernachlässigt - und
hat nun ein Auge auf Ricardo
geworfen.

DAVE

Woher weiß Dennis denn
inzwischen, dass nicht wir den
richtigen Laptop haben, sondern
Ricardo? Gestern war er noch hinter
mir her. Und woher weiß er, wo
Ricardo ist?

MARIA

Stimmt! Das ist die Frage. Aber
gehen wir doch auf das Spiel ein,
wenn auch seine Frau, Irina, die
Tochter von Sergej, mitmacht.

DAVE

Und wer ist dieser Sergej?

MARIA

Er gehörte 1991 mit Dimitri zu den
Gründern des SWR, des hiesigen
Geheimdienstes. Sluschba

wneschnei raswedki. Zuständig für
das Auskundschaften ausländischer
Nachrichtendienste.

Und natürlich wird er hellhörig, wenn
es um mögliche Doppelagenten
geht.

Ricardo hat Swetlana, Dimitris Frau,
von Dennis' Rolle auf Kuba erzählt -
und da Dimitri selbst einige Zeit dort
war, will er nun alles genau wissen.
Und Sergej erst recht!

                    DAVE
          Na dann: Spielen wir mit.

39   **INNEN. HAUS AM PARK IN HAFENNÄHE/ SEWASTOPOL - TAG**
                                                    39

Maria und Dave treten zu Sergej, Ricardo und Irina auf die
Terrasse von Sergejs Haus am Rande des Parks nahe dem Hafen
in Sewastopol. Maria legt den Fake Laptop auf den Tisch. Sie
geben sich die Hand und setzen sich wieder.

                    SERGEJ
          Das ist also Maria, die
          Halbschwester von Ricardo. Dimitri
          hat mir viel von dir erzählt. Nicht
          ungefährlich in Kolumbien!

                    MARIA
          Ja, der Friedensprozess ist wohl
          unterbrochen. Offiziell geht kaum
          was.

                    SERGEJ
          Also inoffiziell?

                    MARIA

Wie überall. Es wird weniger
übersichtlich. Keiner weiß mehr so
richtig, wem man noch trauen kann.

                SERGEJ
Ja, der kalte Krieg ist lange vorbei.
Da wusste jeder, wo er dran war. So
ein lauwarmes Klein-Klein macht
alles noch unsicherer. Und die
Amerikaner brauchen Kriege für ihre
Wirtschaft. -
(Pause)
Und deine Begleitung?

Sergej deutet auf Dave.

                MARIA
Dave? Er war an meiner Schule in
Bogotá und ist auf unsere Seite
gewechselt. Er musste am Ende mit
mir abhauen. Aber das hat dir
Ricardo sicher schon alles erzählt.

                SERGEJ
Tja. Dann wollen wir mal! Irina! Du
fährst zurück zu Alexej und spielst
die reumütige Ehefrau. Dann
kommst du zurück, um dich hier mit
Ricardo zu treffen. Aber warte noch.
Dein Handy! Wir wollen auf Nummer
sicher gehen.

Er holt das Handy und ein kleines Gerät und bedeutet den
anderen, den Mund zu halten. Er verbindet das Handy mit dem
kleinen Gerät und spielt ein Programm auf. Dann gibt er das
Handy Irina und verabschiedet sich von ihr.

Plötzlich klingelt das Handy von Dave. Dave entschuldigt sich,
geht zur Seite und nimmt ab. Er redet danach nur ganz leise.

                DAVE

Ja? Wieso? OK, geht klar! Wir sind
sowieso am Gehen.
(Pause)
Was ist mit dem Amulett?
Ja! Habe ich noch!
OK!

Als Irina dann gegangen ist, wirft Sergej einen kritischen Blick auf
Dave, redet aber weiter mit den anderen.

SERGEJ
Ricardo, du wartest, bis Alexej
Dimitri wieder verlassen hat. Dimitri
ruft mich an. Und ihr beide, Maria
und Dave, ihr könnt natürlich bei mir
unterkommen. Holt eure Sachen.

Auch Dave und Maria gehen. Sergej bleibt mit Ricardo zurück.

40   **AUßEN. PARK AM HAFEN VON SEWASTOPOL - TAG**   4

Dave und Maria laufen durch den Park, machen Halt an der
Bühne, auf der eine russische Rock-Band gerade ihre Instrumente
stimmt. Es ist warm. Dave öffnet sein Hemd. Dabei sieht man,
dass er das Amulett von EVA umhängen hat.

MARIA
Was war das denn? Wer hat dich
angerufen?

DAVE
Du wirst es nicht glauben. Es war
EVA. Sie sagte, wir drei sollen das
Haus von Sergej rasch verlassen.

Maria schaut überrascht, dann verärgert.

MARIA
Also auch Ricardo. Er ist aber
geblieben.

(Pause)
Was hat er vor?
Und warum sollten wir abhauen?

                    DAVE
Keine Ahnung! Ich weiß nicht mal,
wie sie wusste, dass wir bei Sergej
sind - und wie sie Kontakt zu uns
bekommen konnte.
(Pause)

                    MARIA
EVA! Dachte ich mir. Sie haben
wahrscheinlich eigene Pläne. Sie
und Ricardo.

                    DAVE
Beide hängen mit Pablo zusammen.

                    MARIA
Und leider auch mit Phil.

                    DAVE
Macht Sinn! – If you can't beat them,
join them! Die haben die Technik
und sie sind gut vernetzt.
(Pause)
Aber wieso jetzt Sergej? Hätte eher
gedacht, er wendet sich an Dimitri,
seinen Vater. Lass uns
zurückgehen!

Maria schaut skeptisch (fragend!) auf Dave. Dabei sieht sie sein
Amulett. Ihr Blick bleibt stehen, als sei sie schockiert.
Dave merkt das.

                    MARIA
OK, lass uns zurückgehen!

INNEN. HAUS AM PARK IN HAFENNÄHE/ SEWASTOPOL - TAG

Fortsetzung von Szene 39. Innen in Sergejs Haus.

SERGEJ
Und? Was denkst du?

RICARDO
Ich traue diesem Dave nicht. Er
hatte früher mal eine Beziehung zu
eurem Alexej, der sich in Kuba als
Dennis ausgab.

SERGEJ
Ich weiß. Wir hatten beide schon in
Deutschland auf dem Schirm. Über
Irina hatten wir Alexej überwacht. Er
wollte sich mit Irina über eine
sichere Verbindung unterhalten
können. Aber was ist heute schon
sicher!

RICARDO
Sehe ich auch so. Und wieso hast
du Dimitri nichts davon gesagt?

SERGEJ
Dann hättest du Wind davon
bekommen - und wer weiß wer
noch! Konnte ich dir trauen?

RICARDO
So gut war das Verhältnis zu
meinem Vater nicht. Kannst du dir ja
denken.

SERGEJ
Magst du sie?

RICARDO
Irina? Ja, schon.

SERGEJ
Alex ist vielleicht in Deutschland
übergelaufen. Da wird ein großes
Rad gedreht. Ist viel Geld im Spiel!
Es sind viele clevere Leute, die die
Politik dort nicht mehr ernst nehmen.
Deswegen diese heimlichen
Netzwerke. In ganz Europa!
Das geht bis in die Sicherheitskreise
rein.

RICARDO
Und ihr mischt auch mit?

SERGEJ
Natürlich. Wir haben da zurzeit ein
Bündnis mit den Türken, die einen
guten Einblick in die islamistische
Terroristenszene haben. Allerdings
haben die Türken ähnliche
Probleme mit den USA wie wir.
(Pause)
Mit der Organisation dieser Frau
Reynolds wollten unsere Leute
ebenfalls Kontakt aufnehmen. Das
sind gute Leute, keine Ideologen -
wie in der Politik, wo die einen ihr
Land fast ganz aufgeben - denk nur
an Deutschland, wo Staatslenker in
die Welt raus posaunten, man könne
seine Grenzen nicht verteidigen -
und die anderen nur noch nach
Nation, Nation schreien.

RICARDO
Weil die Politik global nichts mehr zu
sagen hat. Also Rückzug in die
jeweilige Nation. Ist doch klar.

Hat aber bei uns in Venezuela nicht
geklappt! Und das wird nirgends
klappen.
(Pause)

SERGEJ
Global wollen die USA und China
sich die Welt aufteilen. Und das
durchaus über die Politik! Sie stellen
ihre Nation über alle anderen.

RICARDO
Nationalismus und Islamismus sind
nur Lockstoffe - so wie bei diesen
biologischen Insektenfallen. Oder
sagen wir ideelle Lockmuster, auf
die Menschen reagieren wie Tiere
auf Duftstoffe.

SERGEJ
Aber ohne eine starke Idee von
Nation zerfallen viele Staaten. Und
dann regiert die „Organisierte
Kriminalität". Oder eine kleine Elite,
die sich einem anderen Staat
unterwirft und von dem bestochen
wird. Das war lange Zeit die Politik
des Westens, vor allem der USA.
Ricardo, du denkst zu idealistisch!
Große Einheiten wie ein Staat
brauchen einen klaren Rahmen.

RICARDO
Vielleicht liegt die neue
Internationale ja nicht bei den
Gewerkschaften oder im
Großkapital, sondern in den
Geheimdiensten.

SERGEJ

In unserem Schutzversprechen!
Wenn es einen internationalen
Zusammenschluss gäbe, dann…
(kurze Pause)
Ricardo: Wir sind dran!

RICARDO
Diese Organisation scheint extrem
stark zu sein und sehr weit
verbreitet.
Reynolds Leute kommen aus der
Software-Branche. Über die
komplette Verwaltung großer Firmen
sind die weltweit vertreten - und
haben überall Einblick.

SERGEJ
SAP und diese Digitalfirmen mit
ihren Datenbanken, die sind auch
bei uns im Geschäft. Die
Organisation von Alexej arbeitet
aber vor allem mit den Daten von
Facebook und Co.

RICARDO
So wie Cambridge Analytica, die
Trump an die Regierung gebracht
haben?

SERGEJ
Genau so.
(Pause)
Dennis schreibt sich übrigens so:
DENIZ.

Sergej schreibt „DENIZ" auf einen Zettel und schiebt ihn Ricardo
rüber. Er grinst.

SERGEJ
Das ist der Name auf Türkisch.

                    RICARDO
Hab davon gehört, dass die in
Deutschland stark verankert sind.

                    SERGEJ
In ganz Europa.

                    RICARDO
Die Deutschen scheint keiner mehr
ernst zu nehmen.

                    SERGEJ
Von der Ökonomie her schon. Sonst
nicht. Da hast du Recht. Die leiden
immer noch unter ihrer
Vergangenheit.

                    RICARDO
Oder sie tun nur so, um sich aus
den teuren Kriegen der USA
rauszuhalten?

                    SERGEJ
Aber man kann sie damit auch leicht
manipulieren. Vor allem, weil sie so
ängstlich geworden sind. Reich und
ängstlich. Leichte Beute.

                    RICARDO
Für wen?

                    SERGEJ
Da musst du mit Dimitri reden. Dein
Vater hat Kontakte zu Leuten, die
früher mal seine Gegner waren. Du
solltest sowieso mehr auf ihn
zugehen.

Ricardo schaut etwas verärgert drein.

                    RICARDO
Was ist mit Dave?

SERGEJ
Dieser Dave wurde von den
deutschen Geheimdiensten in die
Kreise von Deniz - oder sagen wir
Alexej - eingeschleust, aber
irgendwas ist da wohl
schiefgelaufen. Irgendein US-
Geheimdienst scheint die Finger im
Spiel zu haben.
Dennis, d.h. „Alexej" war ja mal
unser Mann. Ich glaube, dieser
Dave hatte ihn vor einiger Zeit
umgedreht.

Ricardo schaut überrascht!

RICARDO
Dave? Der Lehrer? Er hat sich
immer als Befehlsempfänger von
Dennis dargestellt!
Er wirkte so unscheinbar, fast
verstört.
(Pause)
Wieso traut Maria ihm?

SERGEJ
Ich bin nicht sicher, ob sie das
wirklich tut. Möglich, dass sie über
ihn an seine ehemaligen
Hintermänner drankommen will. Wir
vermuten, dass er in seiner Stalker-
Zelle sämtliche
Überwachungsprogramme der NSA
in die Hand bekommen hatte.
Danach ist er ausgestiegen.

RICARDO
Irgendwas stimmt nicht mit ihm. Das
haben unsere Freunde schon in
Kolumbien vermutet. Und Alexej

scheint geradezu um ihn zu werben,
er will ihn zurück. Fast sieht es so
aus, als bettle er darum!

                    SERGEJ
Sie hatten einmal
zusammengearbeitet, sind dann
auseinandergegangen. Dieser Dave
hatte plötzlich andere Vorstellungen.
Gewissensbisse. Das haben unsere
Leute signalisiert. Dann kam der
Bruch, ganz plötzlich - und Dave
ging nach Kolumbien.

                    RICARDO
Könnt ihr stark verschlüsselte Daten
knacken?

Ricardo zieht einen USB-Stick aus der Hosentasche und hält ihn
hoch. Auf dem Tisch liegt noch der Fake-Laptop.

                    SERGEJ
Ich denke schon. Aber ich dachte...

Er deutet auf den Laptop, den Ricardo mitgebracht hatte und der
seitlich auf einem Regal liegt.

                    RICARDO
Der echte aus dem Reynolds-
Netzwerk ist noch in Kuba! Wir
konnten Dave und Maria nicht
einweihen. Dave wird irgendwie
überwacht - und verfolgt!
(Pause)
Möglich, dass wir in Kuba an eine
Datei gekommen sind, auf der die
Auftraggeber für das europäische
Stalker Netzwerk von Alexej
genannt werden. Klarnamen!

Ricardo hält den Stick, den er von Eva bekommen hatte, hoch.

Sergejs Handy klingelt plötzlich. Er nimmt das Gespräch an.

                    SERGEJ
          Ja? Dimitri?

Sergej wird blass, wendet sich von Ricardo ab.

                    SERGEJ
          Er ist auf dem Weg zu mir? OK! Ich
          ruf zurück.

Sergej legt auf. (Holt eine Schutzweste, gibt sie Ricardo.)

                    RICARDO
          Was ist? Sergej?

                    SERGE
          Nichts. Nichts. Zieh das an! Du
          musst hier verschwinden. Steig hier
          über die Terrasse - und nimm den
          Weg zum Park. Vielleicht triffst du
          noch Maria und den Deutschen
          unterwegs. Fahrt zu Dimitri, er kann
          euch Pässe besorgen. Ihr müsst hier
          verschwinden!

Ricardo steckt den USB-Stick wieder ein, zieht die Weste an, dann
seine Jacke drüber - und klettert über die Balustrade, lässt sich
nach unten aufs Gras fallen und verschwindet hinter einer
Hecke...

42   **AUßEN. PARK AM HAFEN VON SEWASTOPOL - TAG**   42

(Wie Szene 40)

                    MARIA
          Dahinten kommt Ricardo. Aber
          schau mal. Knapp dahinter laufen
          zwei kräftige Typen, ohne dass
          Ricardo das merkt.

                    DAVE

Komm! Hinter den Baum!

Dave und Maria stellen sich hinter einen Baum, während Ricardo
in ihre Richtung läuft. Sie spielen ein Liebespaar, das sich küsst.
Ricardo läuft an ihnen vorbei, ohne sie zu bemerken. Er schaut in
die Richtung, aus der die Rock-Musik herkommt. Die Verfolger
nähern sich ebenfalls, gehen knapp am „Liebespaar" vorbei. Dave
und Maria lösen sich, während die Verfolger auf Ricardo
zuspringen und ihn festhalten.
Dave und Maria springen leise und von den Verfolgern unbemerkt
auf diese zu. Maria trifft den einen an der Schläfe und er fällt zu
Boden, bleibt benommen liegen. Der andere wendet sich, wird
aber von Dave im Sprung mit der Faust von unten an der Nase
getroffen, die nach oben geschoben wird, was ihn augenblicklich
komplett ausschaltet.

Maria und Ricardo schauen Dave an wie ein Wesen von einem
anderen Stern. Maria kommt zuerst wieder zu sich.

MARIA
Dave! Was war das denn.

RICARDO
Wer bist du? Du bist nicht der
harmlose Philologe.

DAVE
Das kam spontan!

Dave schaut überrascht, so, als ob er aus einem Traum aufwacht.

MARIA
Was ist mit dem Amulett?

RICARDO
Welches Amulett?

MARIA
Das Dave umhängen hat! Er hat es
von EVA!

Dave schaut auf das Amulett, nimmt es in die Hand.

                    DAVE
Eva wollte sich melden und
mitteilen, was es auf sich hat. Es
sieht so aus, als hielte sie mich für
einen Don Quixote, den berühmten
Ritter von der traurigen Gestalt.

                  RICARDO
Jorges Leute hatten es in seiner
Wohnung gefunden, nachdem er
aus Bogotá mit dir geflohen war.

                   MARIA
Und?

Sie wendet sich an Dave.

                   MARIA
Bist du selbst der Kumpel, der früher
einmal mit Dennis in einer
Spezialeinheit gearbeitet hat?

Dave schaut verwirrt in die Landschaft.

                  RICARDO
Wir sollten uns bei EVA melden. Sie
hat es ihm gegeben. Es geht um
seine Vorgeschichte. Genaueres
wollte sie mir nicht sagen.

                   MARIA
Also, zurück zu Sergej. Von dort aus
können wir EVA erreichen.

                  RICARDO
Keine gute Idee. Sergej hat mich
weggeschickt, weil er unangenehme
Leute erwartete.

                   MARIA
Ruf ihn an!

Ricardo nimmt sein Handy raus und ruft an. Sie warten.

                    RICARDO
          Was ist los, Sergej? Sind diese
          Leute schon bei dir?
                    (Pause)
          Du meinst, er hat es auf mich
          abgesehen? Wegen Irina?
                    (Pause)
          Zu Dimitri nach Jalta?

Ricardo wendet sich an die beiden anderen.

                    RICARDO
          Er hat aufgelegt.

43   **INNEN. HOSTAL-SILVA, GROßES ESSZIMMER DES HAUSES -
      NACHT**   4

Wie Szene 36. Eva, Phil und Pablo sitzen um einen großen
Holztisch und schauen gebannt auf den Monitor, der auf dem
Tisch steht und der die Szene bei Sergej in Sewastopol zeigt. Sie
achten vor allem auf den Ton, den sie mithören.

Aus dem Lautsprecher des Monitors ertönt ein lautes Klopfen,
dann die Stimme von Dennis/ Alexej:

                    DENIZ
          Aufmachen! Sergej, wir wissen,
          dass du da bist. Mach auf!

44   **INNEN. HAUS AM PARK IN HAFENNÄHE/ SEWASTOPOL - TAG**
                                                                     44

Sergej öffnet die Türe und tritt demonstrativ gelassen, vielleicht
etwas überrascht vor die anstürmenden Männer: Deniz, drei
Schlägertypen und der Nerd kommen die Treppen hoch und
begleiten Sergej auf die Terrasse.

                    DENIZ
          Wo sind die anderen?

SERGEJ
Gegangen.

DENIZ
Und der Laptop?

SERGEJ
Meinst du den hier auf dem Tisch?

DENIZ
Den Ricardo gebracht hat.

SERGEJ
Das ist er.

Deniz' Gesicht wechselt von forsch und dominant zu freundlich, kooperativ...

DENIZ
So Leute, lasst mal unseren
Fachmann dran. Sergej, du wirst
dich wundern, was der kann.

Der schmächtige junge Mann mit der Nickelbrille setzt sich an den Tisch, nimmt den Laptop, schaltet ihn ein. Deniz und seine Kumpels sitzen gespannt um den Tisch herum. Der Nerd wundert sich, dass kein Passwort verlangt wird. Dann hackt er eine Weile auf den Tasten herum.

45 **INNEN. HOSTAL-SILVA, GROßES ESSZIMMER DES HAUSES - NACHT**

45

Wie Szene 42. - Eva, Phil und Pablo sitzen um einen großen Holztisch und schauen gebannt auf einen Monitor, der auf dem Tisch steht und der die Szene bei Sergej in Sewastopol zeigt. Pablo hält ein Handy vor sich in der Luft, den Daumen in Lauerstellung zum Abdrücken.

EVA
Jetzt. Pablo drück schon.

PABLO

Ist Ricardo schon weg?

EVA

Ist längst weg!

Pablo drückt auf das Display des Handys.

46   **INNEN. HAUS AM PARK IN HAFENNÄHE/ SEWASTOPOL - TAG**
46

Auf dem Display des Laptops tauchen plötzlich an der linken Bildseite Zahlen auf, von 10, 9, 8, runter bis 0.

Bei 8 erschrickt Sergej und zieht sich diskret vom Tisch zurück, greift sich den Laptop auf dem Regal und entfernt sich...

Bei 0 explodiert der Laptop auf dem Tisch in einem hellen Blitz...

Danach sieht man, wie der Rauch sich legt. Der Nerd und die drei Schlägertypen liegen am Boden. Dennis steht langsam auf. Er ist schwarz im Gesicht und blutet. Er schaut sich benommen um.

In einer letzten Einstellung sieht man, wie Sergej bemerkt, dass der Laptop, den er in der Hand hält, eingeschaltet ist...

SERGEJ

Wer seid ihr?

Sergej schaltet den Laptop aus und greift zum Telefon.

SERGEJ

Dimitri...

47   **AUßEN. PARK AM HAFEN VON SEWASTOPOL**

(Wie Szene 42, bei der Ricardo am Ende mit Sergej telefoniert.) Ricardo steckt das Handy weg und wendet sich an die anderen.

RICARDO

Dave, dein Dennis scheint im
Anmarsch. Er will Sergej besuchen.
Sergej glaubt, es sei wegen mir.

                    DAVE
Und was glaubst du?

Dave scheint immer noch etwas benommen.

                    RICARDO
Ich hatte Sergej den Laptop
gebracht, von dem er glaubte, er sei
von der Reynolds-Truppe.

                    MARIA
Wieso „glaubte"? Er ist es doch,
oder?

                    RICARDO
Erzähl ich dir später.

                    MARIA
Weiß Dimitri Bescheid?

                    RICARDO
Er und Sergej sind alte Freunde.

                    MARIA
Ruf Dimitri an!

Ricardo ruft an.

                    RICARDO
Dimitri.
(Pause)
Und? Hat er überlebt?
(Pause)
Natürlich, wir sind zu dritt. Keine
Angst, wir sind vorsichtig.

Ricardo legt auf.

                    RICARDO

Wir sollen zu Sergej. Es war ein
Anschlag. Und er hat überlebt.
Alexej ist mit drei Schlägern und
einem Computerfachmann
aufgekreuzt.
Einer der Laptops war eine
Sprengfalle und hatte 'ne
Fernzündung.

                    MARIA
Könnte das unser Laptop gewesen
sein?

Maria schaut Dave fragend an.

                    MARIA
Dave? Hast du was davon gewusst?

Dave schüttelt den Kopf.

                    MARIA
Und du, Ricardo?

Maria schaut empört zu Ricardo.

                    RICARDO
Nein. Der Laptop, den ich gebracht
hatte, war dafür gedacht, die Szene
bei Sergej zu beobachten, wenn
Dennis kommt.

                    DAVE
Wie habt ihr Dennis zu Sergej
gelockt?

                    RICARDO
Pablo und EVA haben durchsickern
lassen, dass der richtige Laptop bei
Sergej gelandet sei. Nur er habe die
nötigen Beziehungen zu russischen
Hackern. Sie haben

herausbekommen, was Alexej
vorhat und ihn zu Sergej gelockt.

MARIA
Du wusstest von der Sprengfalle?

RICARDO
Nein! Das hätte ich euch und Sergej
gesagt! Die Idee muss von Pablo
gekommen sein. Pablo und Eva
arbeiten zusammen.
Eva hasst Dennis, seit sie weiß, was
er vorhat.

DAVE
Und was hatte er vor? Dennis? Oder
sagen wir: Alexej?

RICARDO
Er baut eine Untergrundorganisation
auf der Krim auf, bezahlt von den
Amerikanern. Er ist ein
Doppelagent, hat aber auch gute
Kontakte zur Unterwelt. Und du,
Dave, solltest wieder Europa
organisieren, wie früher. Das hat er
gehofft.

Ricardo zieht einen USB-Stick aus der Tasche und gibt ihn Maria.
Er deutet auf den Stick. (Stolz im Blick...)

RICARDO
Da sind die Namen der Unterstützer
von Daves Stalker-Netzwerk.

DAVE (LEISE)
Wie früher? - Wie früher?

RICARDO
Du solltest mal das Amulett öffnen
und die SD-Karte herausnehmen.

Dave nimmt das Amulett ab. Findet aber nicht den Mechanismus zum Öffnen. Er scheint verwirrt.

MARIA
Gib her!

Maria nimmt das Amulett, zieht an beiden Seiten. Es öffnet sich und eine Mini-SD-Karte erscheint.

MARIA
Auf zu Sergej!

Sie gehen los und nähern sich dem Haus von Sergej. Seitlich daneben steht ein schwarzer SUV.

Dahinter erscheint plötzlich ein Mann. Alexej! Schwarz im Gesicht, blutverschmiert. Er gibt einen Schuss ab. Dave, Maria und Ricardo springen zur Seite. Ricardo ist getroffen, bleibt liegen. Dave und Maria stehen hinter einem Baum.

Auf der Terrasse des Hauses erscheint Sergej, ein Gewehr in der Hand. Er schießt in Richtung von Alexej, trifft dessen Auto, von dem die Kugel abprallt. Alexej steigt ins Auto und rast davon. Sergej gibt noch mehrere Schüsse in seine Richtung ab.

Dave und Maria eilen zu Ricardo. Maria nimmt ihr Handy, ruft auf Russisch einen Rettungswagen.

Dave beugt sich runter zu Ricardo, steht auf und nimmt Maria in den Arm. **Sergej** schaut von weitem zu. Er geht weg, ohne dass die anderen ihn sehen. Maria löst sich von Dave, beugt sich zu Ricardo, kniet nieder, erstarrt für einen Moment. *(Im Hintergrund läuft folgende Musikeinspielung: „Walk me home" von PINK.)* Maria hebt den Kopf, ihr Gesicht bekommt einen ernsten Ausdruck, so, als ob sie auf einen ganz neuen Gedanken kommt. Sie blickt zu Dave.

Dave schaut in die Richtung des verschwundenen SUVs.

DAVE
Ich erinnere mich! Dennis. Ich
erinnere mich!

Ende von Teil III (Abspann)…………….

Wie könnte es weitergehen?
DAVID und MARIA machen sich auf den Weg zu DIMITRI, der
ihnen auf der Flucht helfen soll. Sergej war in seinem Haus nicht
mehr anzutreffen. Er hat seine Hacker-Gruppe angefordert und
sich zu seinem Freund Dimitri begeben.

Offen bleibt: Was macht Sergej? War Ricardo tot – oder hat er sich
nur totgestellt? Hat Maria das gemerkt? Wieso hat Sergei – so wie
Ricardo, EVA, Pablo u.a. – Interesse an der Organisation von
Reynolds & CO? Was hat es mit dieser Organisation auf sich?
Und wieso wird Dave gejagt? Was weiß er womöglich, wenn seine
Erinnerung wieder funktioniert? Was macht Maria nach dem
angeblichen Tod ihres Bruders, für den sie sich einmal als ältere
Schwester verantwortlich gefühlt hat? Welche Vorgeschichte hatte
sie und wodurch wurde sie politisiert? Sie realisiert zunehmend,
dass sie von allen anderen, mit denen sie zusammen war, nicht
umfassend informiert wurde. EVA, RICARDO und auch DAVE
hatten ihr gegenüber mit Informationen hinter dem Berg gehalten!
Wichtig dabei: Was verbindet Dave mit Dennis/ Deniz/ Alexej?

Handelt es sich hier um ein Spiel/ einen Kampf zweier konträrer
„Schulen"/ bzw. Philosophien innerhalb der Geheimdienste? Oder
gibt es Absprachen mit großkriminellen Gruppen, die sich nach
dem Niedergang der Sowjetunion gebildet hatten – und die z.T. mit
anderen bereits existierenden Gruppierungen der OK
zusammenarbeiten?

In diesem Drehbuch fehlen noch Action-Szenen, die man aber
leicht einbauen kann. Z.B. könnte Deniz/ Alexej mehrere Pässe
haben und wurde im Flughafen festgenommen, dann aber befreit.
Die Beziehungen unter der handelnden Figuren hängen zudem
von der Qualität der einzusetzenden Schauspieler ab, die
Veränderungen je nach Naturell einfügen können…

Ein Problem: Wie langfristig können Menschen planen, wenn sie
sich bedroht fühlen und unter Druck stehen?

Maria hat Psychologie studiert, ist eine gebildete Frau. Worauf würde sie nach dem Tod ihres „kleinen Bruders" setzen? Was würde sie tun, wenn sie entdeckt hätte, dass Ricardo gar nicht tot ist, sondern dies nur Dave gegenüber darstellen soll, weil er dies mit Sergeis Hilfe inszeniert hat? (Blutkonserve unter der Jacke usw.)

Möglicherweise wird hier das Spiel der Geheimdienste als ewiger Kreislauf dargestellt. Die menschlichen Machtspiele blieben gleich, nur die Techniken ändern sich. Das „Böse", bzw. die „schwarze Pädagogik" ginge mit modernster Technik (diverse Arten des Mikrowelleneinsatzes und des Einsatzes schmerzerzeugender Magnetfelder usw.) und in Gestalt von **Deniz** und seinen verdeckten amerikanischen Freunden weiter in die Zukunft - wie das Böse, das **Dr. Hannibal Lecter** am Ende von „Schweigen der Lämmer" symbolisiert? Das wäre dann ein dystopisches Ende, das in seiner Effektivität das chinesische Modell der Sozialpunkte und der Dauerüberwachung übertreffen soll...

Vom Autor bisher erschienen:

Faschismus als Massenbewegung

Essays zur Frage, welche Anteile am Faschismus des 20. Jahrhunderts heute wieder auftauchen können.

ISBN: 978-3-86460-508-6

In Gefahr und größter Not... Teil I

ISBN: 978-3-86460-818-6

In Gefahr und größter Not... Teil II

ISBN: 978-3-7469-5166-9